武术精品书系

勿使前辈之遗珍失于我手
勿使国术之精神止于我身

劉鋅祥形意拳雛釋

马清藻 ◎ 著

马道远 马彦彦 ◎ 整理

北京科学技术出版社

图书在版编目（CIP）数据

刘纬祥形意拳雏释 / 马清藻著；马道远，马彦彦整理 . — 北京：北京科学技术出版社，2022.8
ISBN 978-7-5714-2272-1

Ⅰ．①刘… Ⅱ．①马… ②马… ③马… Ⅲ．①形意拳－手法（武术）Ⅳ．① G852.14

中国版本图书馆 CIP 数据核字 (2022) 第 066341 号

策划编辑：王跃平　宋杨萍
责任编辑：白世敬
责任校对：贾　荣
封面设计：何　瑛
责任印制：张　良
出 版 人：曾庆宇
出版发行：北京科学技术出版社
社　　址：北京西直门南大街 16 号
邮政编码：100035
电　　话：0086-10-66135495（总编室）　0086-10-66113227（发行部）
网　　址：www.bkydw.cn
印　　刷：保定市中画美凯印刷有限公司
开　　本：710 mm × 1000 mm　1/16
字　　数：222 千字
印　　张：16
插　　页：4
版　　次：2022 年 8 月第 1 版
印　　次：2022 年 8 月第 1 次印刷
ISBN 978-7-5714-2272-1

定　　价：99.00 元

序

　　我的老战友马清藻同志，现已八十高龄，和其师兄马步周（礼堂）同是形意拳名家刘纬祥老先生的得意门生，都擅长形意拳和气功。马礼堂师兄早已名扬中外，而马清藻同志则不愿出头露面，因而其擅长武术、气功之事鲜有人知。直到晚年，他才将自己《练形意拳气功的经过和收获》手稿拿给我。我拜读之后，深受启发和感动。经我再三劝说，他才同意将手稿拿出来公之于世。

　　马清藻同志借助形意拳和气功不但战胜了糖尿病、前列腺癌等病魔，使自己多次转危为安，而且一直坚持工作，完成了党和国家交给他的许多任务，他的恒心、毅力和勇气是非凡的、惊人的，他始终保持了一个革命者高尚的情操和道德品质，可敬可佩！祝他健康长寿，欢度晚年！

谨此数言，代以前言。

陈再实 [1]

1989 年 12 月于哈尔滨市

———————

① 陈再实　山西临县人，自幼随王再庭习练少林拳术，同时随曾祖父陈树林习山西形意拳，从穆修义学河北形意拳，向庞日新习综合形意拳，后经杨松山指点，专攻形意拳。被评为黑龙江省武术挖掘整理工作先进个人。曾任黑龙江省武术协会副主席、哈尔滨市武术协会副主席、铁道部火车头武术协会主席、中国武当山武当拳法研究会顾问。

马清藻，河北定州人，1909 年 12 月出生在一个农民家庭，1991 年 10 月 18 日在北京逝世，终年82 岁。

1927 年 2 月，马清藻在直隶第二师范学校（后改名为河北省立第二师范学校，简称保定二师，2007 年改为保定学院）读书时，就参加了共产党领导的学生募捐活动。1931 年，马清藻加入中国共产党，1933 年由于叛徒告密被捕入狱，在狱中，他立场坚定，始终没有暴露身份，积极组织狱中战友与敌人做斗争，展示出了共产党员坚贞不屈的本色。1935 年夏，经党组织营救，马清藻被保释出狱。1937 年 3 月起，马清藻任中国工农红军总政治部地方部部员、股长；同年 10 月，任行唐县第一任县委书记，之后历任冀晋第五专员公署秘书主任、党团书记、冀晋第二专员公署民教科长、定襄县县长等职，在抗日战争期间做出了重要贡献。

　　抗日战争胜利后，马清藻历任晋察冀边区第四专署副专员，张家口市第二企业局党委书记兼市总工会第二办事处主任，晋察冀军区军工企业党委书记，晋察冀军区前方野战军政治部民运部副部长，民运工作团主任，华北军区驻石家庄办事处主任、党委书记，兼军区政治部印刷局政委等职。他积极工作、埋头苦干，为中国人民的解放事业做出了贡献。

　　新中国成立后，马清藻历任天津市委政策研究室主任、华北局企业管理委员会办公室主任、国防部第五研究院一分院副院长兼国营 211 厂厂长、第四机械工业部地方司司长、国家广播电视工业总局顾问等职。任 211 厂厂长期间，他组织职工用 1 年时间制造出 6 架战斗机，受到上级嘉奖，其也因高度的革命事业心和密切联系群众的优良作风，受到广大职工的爱戴。马清藻长期工作在航天航空和电子工业战线上，呕心沥血，克服各种困难，为我国航空航天和电子工业事业的发展做出了贡献。

　　伴随马清藻革命生涯的另一项事业是武术。他自幼酷爱武术，在直隶第二师范学校学习时，即拜刘纬祥先生为师，和著名气功大师马礼堂先生为师兄弟。此后不论工作多忙，条件多艰苦，甚至重病缠身，他都以极顽强的毅力坚持练功，坚持学习武术理论。每到一处都以拳会友，结交各界人士。

　　马清藻离休后任北京形意拳研究会顾问、《武当》杂志顾问。

　　马清藻在去世前两年（1989 年）即完成了著作《刘纬祥形意拳雏释》。他的一生，是革命的一生、战斗的一生，是全心全意为人民服务的一生，也是热爱武术事业的一生。

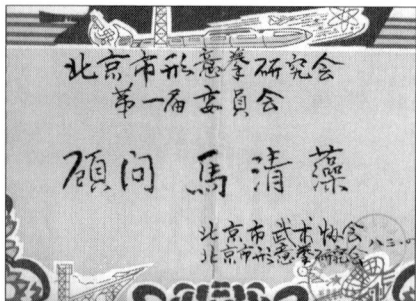

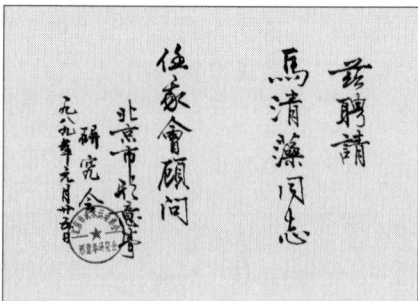

聘书照片

2019 年 12 月 26 日，是父亲诞辰 110 周年。父亲的遗作《刘纬祥形意拳雏释》可以出版的消息，使我的内心十分激动——终于完成了父亲的遗愿。

这部饱含父亲心血的书稿早在 1989 年就已完成，但为何沉寂了 30 年才出版呢？

父亲留下的遗物主要是笔记、回忆录、书信等，存放在两个皮箱中。之前由于工作忙，我没有太留意这部分遗物。2018 年，当我重新整理父亲用线缝合装订成册的这部文稿时，目光停留在"刘纬祥形意拳雏释——完稿于 1989 年 10 月 1 日"这行字，我才意识到这是父亲去世前两年完成的书稿。是什么力量让父亲在生命的最后时光身患疾病还坚持写作呢？而书稿又是什么原因没有出版呢？

我决定认真通读父亲的书稿——尽管这是我不熟悉的领域。当静下心阅读时，我被书中的情节、内容所吸引和感动。再翻看十几本笔记，笔记中密密麻麻地记载了各种拳谱和父亲绘制的图。

父亲在书稿中写道（此部分未在本书正文体现）：

　　形意拳是一种内外兼修、研究健身长寿的搏击艺术，提倡尚武精神，是以保卫国家为目的的优秀拳种；是无数先师用尽毕生精力钻研提炼出来的宝贵遗产，可以健身防病，搏击防身、自卫。其涉及生理卫生、自然科学、空气动力学和心理学等许多方面的科学知识。本人学识有限，自知力所不及，但鉴于形意拳历来强调保密，老师常说："不要轻易传人。"拳谱云："若妄传无义弟子，招灾惹祸损天年。"在这种保守思想影响下，此拳种历来以心传口授为主，很少有人敢把拳谱公布于众。爱好者看不到拳谱，得不到真传，甚至练拳发生偏差，有损健康，收不到应有的效益。拳谱云："蒙懂（懵懂）传懵懂，一传三不省。"这是形意拳发展提高的主要障碍，也促使我做出抛砖引玉的尝试，希望能推动形意拳的大师们，毅然把各自秘藏多年的"美玉"献出来，使这一优秀拳种迅速发展繁盛，达到提高中国人民的体质、增强四化建设的力量的目的。

父亲在书稿后记中还写道：

　　久思，将刘纬祥的形意拳阐释之，以供练形意拳者参考，或许对于继承和发扬形意拳武术文化遗产有一定的意义，故陆陆续续笔之于纸，数易其稿。

父亲写书的良苦用心跃然纸上。强烈的责任心使父亲战胜病痛、战胜困难，经常深夜挑灯，伏案写作。须知，在计算机、打印机、复印机等现代化办公设备遍布的今天，"数易其稿"不是难事，但在 30 年前，一位年近 80 岁高龄的老人带病写作，其中的艰辛不言而喻！父亲还为此书的出版进行了多方联系，从往来信件看，已经有出版社同意出版，但最终究竟何故被耽搁就不得而知了。

当年，父亲的老战友、黑龙江武术协会副主席、武当拳法研究会顾问陈再实先生读了父亲的书稿，欣然命笔写了代前言，并联系出版社，推荐父亲担任《武当》杂志的顾问。陈再实先生在给父亲的信中写道："你把毕生的宝贵经验公之于世，造福人类，令人敬佩。"

我虽然不懂武术，但通过阅读、整理父亲的书稿，体会到了父亲在武术方面的深厚造诣，他不仅钻研拳术，还钻研医学、自然科学、空气动力学和心理学等许多方面的科学知识。更重要的是，他用一生的时间努力实践着，不论在多么繁忙、多么恶劣的情况下都坚持练拳。书稿所写都是父亲的亲身经历和感受，它们是那样鲜活和独具特色。我萌发了出版父亲遗作的想法。

父亲在书稿中介绍了形意拳的创建与流派，以及形意拳是如何从山西传到河北的，其中有许多鲜为人知的故事；讲述了他拜师学拳的过程、练拳习武的经历，以及练拳对强身健体的好处，等等。形意拳伴随父亲大半生，他能挺过多次的人生变故，在晚年与疾病做斗争等，都离不开形意拳的助益。

父亲出生在河北保定一个农民家庭，家中无钱供他读书，但他凭自己的努力，于1927年考取直隶第二师范学校，这在当时是十分罕见的。姑姑曾经告诉我："每当学校放假，你父亲天不亮就练功，院子的地上都砸出了深坑。"

我们家里有6个孩子，不论谁生病，只要父亲在家，就会给我们按摩、推拿。他经常一边按摩，一边告诉我们这是什么穴位、治什么病。直至今日，我们都还经常用父亲教的这些方法给家人按摩治病。

父亲为人非常热情，乐于助人是他的优秀品质。1991年八九月间，父亲因心肌梗死住进北京友谊医院，经过抢救才脱离危险。当他得知老战友因患肾病也住院时，特意去看望并介绍肾病点穴法。父亲去世后，他的这位老战友在信中追念："我们同一天出院，不料竟成永别，实在令人悲痛。他诚挚热情的形象，将永远留在我的心中。"

在我的记忆里，父亲很喜欢在离家较近的公园里练拳，结识了很多拳友。父亲素来平易近人，不论何人，只要愿意和父亲学拳，他都慷慨教授。20 世纪 60 年代初，父亲常到公主坟打拳。当时那里是一个公园，有不少松柏树。父亲一边练拳一边给我们讲公主坟的来历，他说练拳要找空气好的地方，在有松柏树的土地上练最好。

1974 年，我们家搬到工人体育场附近，父亲有了练拳的好去处，几乎每天都去会友练拳，有时甚至一天两次，风雨无阻。他有不少徒弟，也结交了各界人士，大家聚在一起有说有笑，其乐融融。他们有时会交个手，有时父亲也会请他们到家里做客。父亲去世时，他们中间不少人自发前来参加父亲的追悼会。

父亲的晚年正如他在书中所写：用武术与疾病做斗争。他很少麻烦子女，经常夜里睡不着觉就起来练拳、练气功、自我按摩。

不尽的回忆与思念，使我出版父亲遗作的冲动越发强烈。我找到曾经为我出版医学专著的北京科学技术出版社的张敬德老社长，表明想出版父亲书稿的愿望。张社长说，正好他们出版社为弘扬中华武术，组建了人文武术图书事业部，让我带着父亲的全部书稿和资料去见人文武术图书事业部编辑王跃平。王编辑阅稿后沉稳地说："这是珍贵的史料！在目前出版的武术类图书中，鲜有介绍刘纬祥先生的书，这应该是很好的选题。"王编辑又在书的整理、加工方面给予了精心的指导，提出了许多有价值的建议。

之后，我和我的兄长开始了对书稿的编辑、整理工作。非常幸运的是，我的大哥、大嫂是兄弟姐妹中跟随父亲学拳时间最长、悟性最高的两个人。在整理书稿的过程中，他们又回忆起父亲的言传身教，并在追忆父亲的文章中增加了这些内容。他们还为本书配图，使书籍图文并茂，便于理解和阅读。

父亲在中山公园打拳的照片是我的母亲赵伯涛拍摄的。父母亲共同走过半个多世纪的革命生涯，既是亲密的战友，也是同甘共苦的夫妻。母亲深知父亲对武术的热爱，亲自给父亲拍摄了这一组珍贵的照片。

马清藻在中山公园打拳

　　我试图找到父亲的徒弟们和书信中提到的相关人员，但年代太久，有人已经故去，有人年事已高。值得庆幸的是，最终我找到了父亲的一位徒弟，当他得知父亲的书要出版时非常激动。希望此书出版后，父亲的朋友、徒弟们都能看到。

　　需要特别说明的是，此书附录中的"老年保健功"部分选编自古岱峰编著的《保健按摩》一书，由于一直未能联系到原作者，烦请原文作者看到此处，及时与出版社联系。

　　《刘纬祥形意拳雏释》一书得以出版，要感谢北京科学技术出版社给予的大力支持。至此，我也可告慰父亲：您出书的心愿已经完成，您立志弘扬武术的遗愿我们正在继续！

马彦彦

2021 年 9 月

父亲与形意拳——整理父亲遗稿感言

　　每个人心中都有一部自己的历史，因为每个人的际遇、经历都不尽相同，他们耳濡目染的事物不同，自然心中的印象、感受也会不同。父亲心中有一部形意拳史，它不是来自文献记载与考证，而是来自幼年时他的外祖父经常给他讲述的李老能、郭云深等形意拳宗师的传说故事，还有在直隶第二师范学校机缘巧合地拜入形意拳名师刘纬祥门下，成为其关门弟子，并在此后 6 年中每天接受的口传心授，以及师兄赵喜忠反复给他讲解的拳谱和拳史掌故……可以说，父亲心中的形意拳史是由耳朵聆听、亲身感受和身体力行的训练共同浇铸而成。

　　父亲生于积贫积弱、饱受列强欺凌的旧中国。幼年受其好武尚侠的外祖父影响，立志做一个武艺高强、除暴安良的好汉。在保定二师就学时，恰逢红军星火燎原的年代。《红旗谱》的作者梁斌是晚父亲几年的校友，他的小说生动地描述了从保定二师这个革命摇篮走上革命道路的先烈们的故事。父亲也是从保定二师投身革命，成为红军队伍的一员，他参加了第二次国内革命战争、抗日战争、解放战争。新中国成立后，又全心全意投入国家的建设事业中。他曾任厂长的 211 厂在当时是我国航天科技领域最大的试验、生产基地。由于贡献突出，父亲曾荣获原国防科工委（国防科学技术工业委员会）颁发的厂长奖金，但他却将奖金全部捐献给工厂。为丰富厂内年轻人的生活，他修建了篮球场，组建了篮球队、京剧队等。正是这种以厂为家、关心群众的优良作风，使父亲在广大干部群众中享有很高的威望。

父亲虽将毕生精力都投入革命工作中，但工作再繁忙，他也从没放弃练形意拳，即使身处逆境，也从不间断。比如：在国民党的监狱中，在受冲击"下放"期间，在患病住院时……这些时候反而成为他练拳最有收获的时期。可以说，除了"虽九死其犹未悔"的革命信念，形意拳也是帮他挺过逆境的重要精神力量。

父亲一直希望我们能继承他的形意拳。可在 20 世纪 50 年代，他工作繁忙，根本无暇教授我们。后来，父亲因不赞成在厂区砌高炉炼铁而受到批斗。后虽得到平反，但经此一事，本来身体强壮的父亲患上了神经官能症、肝炎等疾病，住进了潭柘寺疗养院。没想到，这反而给了我学拳的契机。

记得那是一个风和日丽的假日，我到潭柘寺疗养院看望父亲，他便带我去潭柘寺内游览，在寺庙大殿里，我被一对高大威猛的雕像所吸引。

"这是哼哈二将。"父亲对我解说道，"你看，这个闭着嘴、张大鼻孔的是哼，他是在吸气；那个张大嘴巴的是哈，他是在呼气。爸爸每天练拳，练的就是这哼哈二气。"

"为什么吸气要哼，呼气要哈呢？"我有点不明白。

父亲将我带到空寂的院子里，连比带画地讲起了形意拳逆运丹田的反呼吸法。他说，形意拳和太极拳、八卦掌都是内家拳，但只有形意拳用反呼吸法。自然呼吸法是吸气时鼓腹，呼气时收腹。逆运丹田就是反过来，吸气时收腹，呼气时鼓腹。这是因为形意拳最强调实战，招式简捷刚猛，一个呼吸之间就完成了蓄力和发力，抖擞之间就把对手打出去了，所谓"视人如蒿草，打人如走路"，就是对形意拳最生动的描述，而逆运丹田的反呼吸法最能配合形意拳简捷刚猛的招式，可把人的先天之气运行为后天之力。所以习武的人常说："太极十年不出门，形意当年打死人。"说到兴起处，他情不自禁地演练起来，我被他那虎虎生风的身姿所吸引，忍不住大声说："我要跟你学形意拳！"

从那时起，我开始跟着父亲学练形意拳。几年时间，学会了五行、十二形和一些简单的连环套路，练得浑身是劲，不时会产生与人交手过招的冲动……后来，"文革"开始，父亲受到冲击，被隔离，我练拳也变得时断时续。我既没有父亲那般扎实的基础，又缺乏他持之以恒的毅力，对形意拳只是刚刚入门而已，未能继续深造。

党的十一届三中全会后，父亲被安排做国家广播电视工业总局顾问，过了两年便离休了。父亲一生饱经忧患，晚年又身患疾病，形意拳是他战胜病痛的武器。有时病得练不动拳了，他就根据条件练内功。告别了工作的他，最大的心愿就是在有生之年，结合他一生练拳不辍的体会，把他师父刘纬祥的形意拳整理出来，回馈社会。但这对于他来说却是极其困难的。

记得有一次，我在父亲搜罗来的杂志上看到一些有关形意拳的传说，便问他："这上面说，形意拳本来是山西戴家的心意拳，山西人'心''形'不分，所以传到河北就成了形意拳。是真的吗？"

父亲一听竟然笑出眼泪，笑罢才对我说："那是人们在编故事哩，李老能的形意拳是从戴家拳发展来的。但不论拳理、拳法都有飞跃性的巨大发展，绝不仅仅是一字之差。"

"李老能是外号吧？"我问。

"是。"父亲答道，"李老能，姓李名飞羽，字能然。他是形意拳的开山鼻祖。据说他身负异能，能手抓飞鸟，人称'神手李老能'。这个绰号太响了，本名反而很少有人提起。后世文人著述，可能觉得李老能这个名字太土，往往写成李洛能，其实是弄巧成拙。也有人写成李能然，听起来比较文雅、正规，可是在我看来，还是李老能比较亲切。"

我又问："有人说，郭云深的半步崩拳是在监狱里戴着脚镣练拳迈不开步而发明出来的。"

"这一听就是不懂形意拳的人望文生义！"父亲皱起眉头思索了一下，缓缓解释道，"古人以一左一右为一整步，崩拳只有一种步法，就是上左步跟右步，所以叫半步崩拳，可不是迈不开步！恰恰相反，崩拳的步法要'如马之奔，如虎之跃'。我师父说过，郭云深的崩拳一步可跨出一丈，只有这样，才会令对手退无可退、避无可避！何况郭云深杀死恶霸坐牢时，半步崩拳打遍天下无敌手的美名早已传遍江湖，不可能是进了监狱才发明崩拳打法的。"

父亲沉思半晌后，深深叹了口气说："我之所以下决心把师父的形意拳写出来，其中一个主要原因就是想尽力澄清这些谬种妄说。"

现在想来，父亲这是给自己出了一个多大的难题呀！那时，不但没有互联网，甚至连武术类书籍、刊物都很少。形意拳都是口传心授的，少有文字留存，要在信息资料极度匮乏的条件下完成这部书稿，其艰难程度可想而知！

20世纪80年代后的改革大潮中，我成天忙于工作生计，竟然没能为父亲晚年的心愿出一点力。而父亲体谅子女们的生存压力，也从不要求我们帮他，只是自己默默地、一点一点地爬格子、描图。那几年多是大姐陪伴父母，据她回忆，父亲经常半夜起来，在台灯下一字一句地写书稿。劝他睡觉，他总是摇着手说："再写一会儿，再写一会儿。"有时劝得多了，他就会发脾气："你们不要干涉我，我一定要在有生之年把它写完，这是我最后的心愿了。"

父亲去世后，当我整理他的遗物看到他因陋就简写的形意拳书稿时，我真是愧悔无地！当时为什么竟没主动去帮帮父亲啊！

下页这张图是从父亲遗稿中随意抽取的一页，从中不难看出他完成书稿时的艰辛与执着。追悔之下，我几次动念想把他的遗稿整理出来，找机会出版，却因自信心不足而一直迁延蹉跎。

2018年，小妹找到曾为她出版医学专著的北京科学技术出版社，想

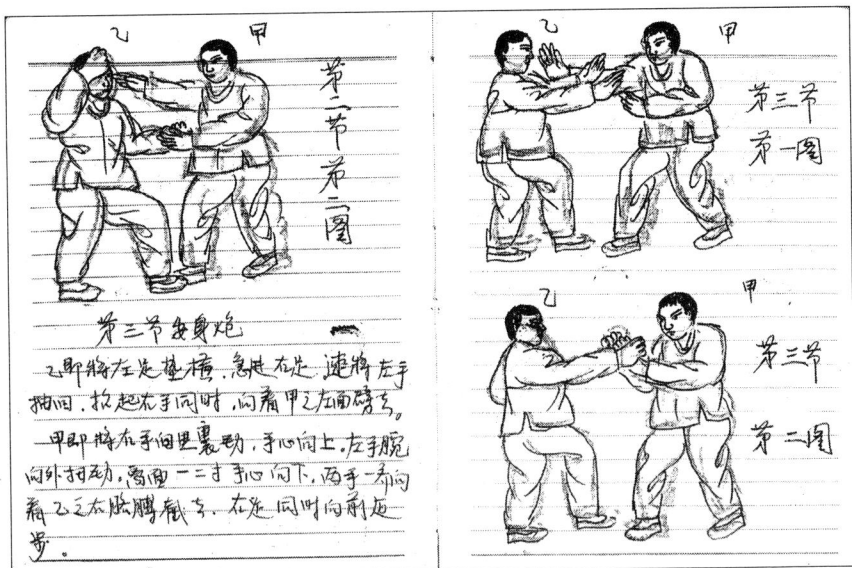

马清藻遗稿

将父亲的遗稿出版，以完成父亲遗愿，刚好赶上出版社应国内外武术研究者对武学典籍的需求组建了人文武术图书事业部，希望建立一个中国武术研究平台。出版社领导、编辑在初步了解书稿的情况后，肯定了它的价值，并不辞繁巨地把原本比较散乱、残缺的原稿整理成系统的书稿，以备出版。由此，我终于敢竭鄙诚，和她们一起完成书稿的整理，并拍摄插图，以期弥补遗稿万一之缺憾。

父亲虽然是刘纬祥的关门弟子，却不是专业拳师，也不是这方面的专家学者，之所以要勉力著述，一方面是为了报答师恩，另一方面也是想奉献出自己心中的形意拳，供广大武术爱好者参考，为形意拳的发扬光大添砖加瓦。

在此，深深感谢出版社领导和编辑的大力支持！

如今终于得偿所愿，望父亲能够含笑九天！

马道远

2021 年 9 月

于绿城百合

目录

开 篇

南宋抗金英雄岳飞根据达摩禅师"欲见性必先强身，盖躯壳强而后灵魂易悟"的原理，结合岳家枪法，兼采十三种动物（龙、虎、猴、马、鼍、鸡、燕、鹞、蛇、鹘、鹰、熊、槐虫）的动作特征，发明了形意拳。

形意拳在元末明初几乎失传。明末，蒲东人姬隆丰武艺高强，适终南山，得岳家《形意拳谱》；传于曹继武；再传山西太谷戴龙邦；清乾隆时，传于河北深县李能然、河南洛阳马学礼。

李能然传于深县郭云深、刘奇兰，河间刘晓兰，宛平宋世荣，山西太谷车永宏，江苏白西园，河北安国张树德、李镜斋。

郭云深传河间刘纬祥，定县许占鳌，保定李奎元，深县王芗斋，晚年收孙禄堂为关门弟子。

刘奇兰传深县李存义、耿继善、周明泰、王福之，再传山西榆次王继武，三传张宝标、彭寿章、穆修易。

刘晓兰传河间杨扶山、刘维山、张占魁、孟庆荣。

刘纬祥传定县赵喜忠、马清藻、赵文翰，保定于殿臣，河间马礼堂、杨剑侠、刘书琴、谢德全，安国韩超群，深泽张振尧。

李存义传王殿臣、尚云祥、郝恩光、马玉堂等数百人。

郝恩光传郝家骏、李玉琳。

李奎元传定县孙禄堂。

孙禄堂传孙剑云。

马礼堂传田开程、尚济、王洪寿、林培宗、于永溪。

马清藻传王国侠、李振丰、简成文。

以上名单，仅就个人回忆列出，遗缺之处敬请见谅。

形意拳是一种内外兼修的优良拳种，以心意为主导，又讲究外形姿势，心意必须依一定形象和姿势来体现，表里互相依存，不可偏废。有人说形意拳主要讲神似、心意，外形不重要，这是非常错误的。拳经云："意气君来骨肉臣。"准确地表述了心意和姿势的主次关系，也说明了练形意拳的主要目的是防治疾病，强壮身体，磨炼人的恒心、勇气和毅力，同时，传承技击艺术，培养正气和爱国主义情操，树立威武不能屈的高尚道德观念。

劳动人民在长期的生产劳动中，在与大自然的生死搏斗中，总结提炼出了形意拳珍贵的健身方法和技击绝技，形意拳先师们在数百年的实践中逐渐掌握了运用形意拳防治疾病和搏击的奥秘，很多形意拳的拳理拳法都符合现代科学原理，可惜前辈们受当时的环境所限，未能用贴切的语言对拳理拳法予以阐述，致使许多要领后人只知其然而不知其所以然，有些只能意会不能言传，使后学者遇到不少困难，走了不少弯路，甚至出现偏差，大大制约了形意拳的推广、发展和提高。

我的外祖父

我的外祖父自幼跟名家张树德学少林拳，郭云深在张树德家避难时，外祖父又向郭云深学形意拳。外祖父身体强壮，气力大，吃得多，外号"扳倒高粱屯"。八十岁高龄时，他一顿饭能吃三斤面的烙饼；一百多斤重的口袋，轻轻一抓就送上肩；一口气能把三十多袋粮食从场地背回家（半里多地）。他活到九十八岁。

从我四岁时起，外祖父就常对我讲武林前辈的故事。

张树德教得全村男女都会打拳，太平天国运动时，石达开接连攻打了三昼夜未能进村。

郭云深是著名的形意拳家，在保定营池立擂台和大枪李奎元比武，一个崩拳就把李奎元打下台去。李奎元不但没有记仇，反而对他佩服得五体投地。

李奎元后来带徒弟孙禄堂拜郭云深为师，孙禄堂拜师爷后改学形意拳。

郭云深因打死恶霸入狱，又越狱逃难来到安国张家景中村。那天，正赶上村里唱大戏。中午散戏后，郭云深便跃上一辆大车，坐在车辕上休息。下午开戏后，他仍坐在车辕上不动。那时，冀中农村看戏，青壮年一律在台前坐着板凳看戏，只有妇女和儿童才能坐在大车上看戏。郭云深此举是故意惹怒村民，好找机会展示武功。

果然，不多时便有几个壮汉吆喝着，要把他从车上拉下来，不料谁也拉不动他，想动手打，非但没打到他，反被他放出去老远。

后来又来了张树德的一伙徒弟，激郭云深去打麦场比试，结果徒弟们轮流下场，竟然全都不是对手。最后只好去把张树德请来。

张树德到场后，一通姓名，立即扭头对一众徒弟说："你们真是有眼不识泰山，这是老师傅到了！"于是忙请到家中酒宴款待，直谈到明月东升，兴起之处，又相约一起回打麦场去比拳。

来到打麦场，两人说好先比拳脚。拉开架势后，郭云深也不客套，起手就是一个崩拳，当即把张树德从马槽北边打到马槽南边。但张树德站住了，并未被打倒。这说明他是借力远距离后撤，来化解郭云深的崩拳之力。论理这不能算输，但张树德自认比拳输了，提议改比武器。

张树德用花枪，郭云深使双镗。两人你来我往，大战了几十个回合，张树德终于窥得一个破绽，花枪突入，破了郭云深的双镗。两人均一败一胜，彼此互相敬佩，就拜了盟兄弟。郭云深还替李能然收了张树德做徒弟，张树德改学形意拳。

从此，郭云深住在张树德家，刘纬祥也赶来，一直守护在郭云深身边，寸步不离。郭云深就地设拳场，收徒弟教形意拳，又叫徒弟刘纬祥把母亲接来，后得到"大赦"才离开。而我也因此得到机会，跟郭云深学了几年形意拳……

在外祖父的熏陶下，我从小就想学练形意拳，希望能像他那样身体强壮，更希望能学到郭云深那样的好功夫，行侠仗义，除暴安良。

拜刘纬祥为师

我从上高小时起，跟随外祖父学五行拳。

1927年春，我考入直隶第二师范学校（后改名为河北省立第二师范学校，简称保定二师，2007年改为保定学院）。那时校方为弘扬国术，培养学生的爱国尚武精神，高薪聘请了形意拳名师刘纬祥为武术教练。我一听到这个消息，当即去拜见刘老师，跟他提起我外祖父在安国跟郭云深学形意拳的往事。见他不仅平易近人，而且十分爽朗健谈，我灵机一动，大着胆子提出很希望能够拜他为师，不知他肯不肯收。没想到他竟然一口应承下来，当下就让我磕头拜了师，第二天就开始跟他学拳……

从那天开始，上课之余，每天下午，刘老师亲自教我打拳一个小时，每天必到，风雨无阻。结果，第二学期我就被选为武术社社长。到1932年底，我整整学了六年拳。

刘老师不识字，但拳经记得滚瓜烂熟，教拳一招一式，口传心授，从不添枝加叶，非常扎实。六年间，我顺序学完了五行拳、进退连环拳、十二形、十二连环套路、杂式捶等。这一段时间主要是练刚劲，基本上做到了身强体壮，精力充沛，练出了内外合一的整劲，浑身筋骨强健，肌肉坚韧，把要害部位都包裹了起来，不怕拳打脚踢，不怕擒拿点穴等。

1932年春，保定成立国术馆，刘老师任馆长，我每个星期天都到馆里去，向赵喜忠大师兄学孙式太极拳和程式八卦掌，并从这时开始练柔劲。学完这两套拳后，我又集中精力学太极推手，从单推手、双推手、定步推手到活步推手等，越学越上瘾。放暑假时，我便搬进馆里，和赵师兄同住一间屋。赵师兄对我很器重，每天半夜叫我到院里去，给我说拳，还经常给我喂手。起初我不肯真的发力打他，他就摇着头不满意，直到我真的把他发出去之后，他才高兴。赵师兄有文化，对拳理拳法比较精通，经常为我讲解形意拳和太极拳拳谱，大大丰富了我的武学理论知识。

在保定六年，刘纬祥老师毫无保留地传授我形意拳正统拳法，使我终身受益。如今，我试图用现代科学知识对形意拳拳理拳法予以阐述，使以后的形意拳爱好者少走弯路，使这一优秀拳法加速传播，为人类造福。

附　刘纬祥老师小传

刘纬祥，字凤伦，河北河间人。人称铁拳刘二膘子。

刘纬祥拜师郭云深、刘晓兰学八极拳，后习形意拳。刘老师是郭云深的得意门生，郭云深在安国张家景中村张树德家避难时，刘老师一直跟随，寸步不离。

刘老师不识字，但将拳谱记得滚瓜烂熟。他教拳时谨遵师嘱，从不任意添枝加叶。

刘老师出师后，先在清朝庆王府护院，清末曾参与捉拿大盗康小八。后和李存义在郑州开镖局。老年在保定第六中学、河北大学、保定二师、培注中学、四存中学铁路分局等单位任武术教员，还曾任保定国术馆馆长。1935年病故。

刘纬祥老师在他口述的《形意拳教程》一书中融合了郭云深的刚、宋世荣的柔和白西园的巧劲。

"铁拳"的光荣称号，完全是刘老师和无数名拳家较技，以及在捉拿匪徒等生死搏斗中获得的。刘老师是个有真才实学的形意拳名师。

刘老师为人忠厚、正直，仗义疏财，门内人来看他，只要是有困难，他都大力帮助，得到了众人的敬佩和爱戴。他古稀之年在保定教拳，月薪高达二百白洋，许多有名的拳师都很羡慕，但无一人抢夺他的位置，确实难能可贵。

刘老师堪称武德典范。

基础篇

三体式桩法动作

预备式（无极式）

全身直立，两眼平视前方；两手自然下垂，贴近两腿外侧；足跟并齐，足尖成 45° 角。心平气和，清除杂念，达到无思无虑、无形无象、心安神宁之境。（图 3-1）全身的肌肉和呼吸都要自然放松。这是顺行天地自然之道，谓之无极式。

拳经云："拳打自然不伤人。"这是练形意拳必须时刻牢记的主要拳理之一。

太极式

从无极之姿势，两手变为阳掌。五指松开微屈，两手虎口要圆，手心朝上，自身体两旁往上托起，托至与两肩水平。（图 3-2）

然后，双手合于额前，掌心向下，随呼气徐徐下按至丹田下。（图3-3）

两腿微屈，身体下沉，腰塌劲，头顶劲，目平视，内中神意抱元守一，和而不流，口似张非张，似合非合，舌顶上腭，谷道内提。（图3-4）

此势取名一气含四象，即太极式。

图3-1

图3-2

图3-3

图3-4

三体式

左足前进一步，右足跟进。两手向前平出，掌心向上，随吸气双手和腰身同时上起；两手提至口上鼻下，随即翻手掌心向下，随呼气下按至肚脐；右足跟提起，以右足尖为轴，半面向左转。（图3-5）

左掌上提，掌心向里，随吸气，左掌向右下扣；右手握拳，从腹中线上钻至口上鼻下。左足撤至右足里侧，足尖点地，随呼气左足前进一步；同时，左手从右腕上向前劈出，高与胸口齐，手指、足尖上下垂直，右掌顺势按至脐旁，成三体式。（图3-6，图3-7）

图3-5

图3-6　　　　　　　　　　　　　图3-7

头在上为天，足居下为地，手在中间为人。练形意拳与周围环境密切相关。盖足心吸地下阴气，上至丹田；手心、脑心吸天空之清阳，汇集于丹田，以补全身阴阳之气。气鼓全身，长筋腾膜。古人称三体式与天地同德，绝非虚语，更不是迷信。

三体式桩法要领

头和躯干

上身正直，不俯不仰，其方向与目视方向成 45° 角，面部要自然，舌顶上腭，口内津液吞咽入丹田，即所谓玉液还丹，可以助消化，防衰老。牙齿叩弄，嘴唇似开未开，似合未合，纯任自然。下颏回收，头要上顶。

肩、肘、手

两肩向下松垂，肩窝处略向后缩。左臂肘部下垂，不可伸直。左手食指向上挑劲，拇指尽力向外撑劲，虎口成半圆形，手心向里吸劲。右小臂靠近腹部右侧，五指也要撑开，手腕要塌住劲，要有前塌不去，引而不发之势，所谓有推山之雄。

含胸

胸部稍向里含，不要挺胸提腹，不要紧张用力。两肋肌肉向下舒展。腹部要自然充实。

拔背

背部肌肉要尽力向两侧伸展，叫拔背。

塌腰

腰向后弓劲，叫塌腰。臀部向里收，不要向外突出。肛门里收，叫提肛。

胯膝足

两胯微向后缩，要向前往上托劲。尾骨向前朝上翻，要和鼻尖上下相系。两膝微向里扣，膝盖前弓，以不超过踝关节为度。右胯与后足跟垂直，两足十趾抓地，重心落在后腿，呈前虚后实的举重姿势。周身要遵守抱垂、曲、挺的要领，保持平衡稳定，能支撑八面。呼吸保持自然，但需微微用力，一气到底，逐渐提高肺部涨缩能力，扩大肺活量。站桩时亦可成双重姿势。

以上要点，练习时务要处处做到，不可忽略某一部分。万法出于三体式，主要是因为这种桩法能培养练者的内劲，调节呼吸，为后面的动作打基础。它的上、中、下三部要领，集中体现了形意拳的要求和特点。初学者可以从中领会，为以后锻炼各种套路打下扎实的基础。即使有一定基础的人，也要经常练这种桩功，以便进一步提高形意拳的功力。

人体上、中、下三部分

三体式把人体上、中、下三部，安排得既无一点松懈之地，又无死板硬直之处。通过各肌肉群的互相作用、互相制约和互相协调，把全身组成了一个圆满而完整的整体。但这不是只努力就可以做到的，而是得按照一定规矩，自然、逐渐地完成。形意拳的所有动作，都离不开三体式的基本法则。尽管拳路形式千变万化，但其原理和要领，则完全一致。

形意拳有"万法出于三体式"之说。此式实乃入道之门，形意拳之总机关也。拳谱云："三回九转是一式。"故本著把三体式特列为一章，提请学者注意。

六象具备

六象：鸡腿，独立之形；龙身，呈三折之式；熊膀，有竖项之力；虎抱头，有饿虎扑食之勇；猴象，有纵山之灵，爬杆躲藏之能；雷声，当内气猝发之时，猛吼一声，使敌人闻之丢魂丧胆。

站桩时，要六象具备。

练三体式桩法的几点体会

身体呈大、中、小五弓形

头顶项竖，含胸拔背，塌腰收臀，这样以腰骶为根节，脊椎骨为中节，头颈椎为梢节的躯，使颈椎、胸椎、腰椎、骶椎节节对正，自成弧形，便成了第一张躯干弓。

沉肩坠肘，伸指塌腕，两肱微屈，形如半月，这是以肩为根节，肘为中节，手为梢节的双肱弓。

两胯后缩，双股半屈，形如半月，足跟踏地，这是以胯为根节，膝为中节，足跟为梢节的双股弓。

双手塌腕，掌心内收，十指各分，虎口圆撑，这样双手就形成了双手弓形。

两足跟踏地，足心上提，十趾抓地，这是以足跟为根节，足背为中节，足趾为梢节的足弓，而且是拱桥形状的纵弓和横弓。纵弓以跟骨为根节，内侧楔骨、足舟骨为中节，第一跖骨为梢节。横弓以第五跖骨为根节，内侧楔骨为中节，趾骨为梢节。足弓的弹力特别强有力。

这样大弓、中弓、小弓连接起来，浑身就形成了一系列的弓形，蓄力待发。拳经云："力以曲蓄而有余，气以直养而无害。"这个姿势能把各个关节中的骨骼肌之间都对正顺序，严密吻合，毫无游离、松散之处。同时原动肌、对抗肌、协同肌、固定肌与肌群之间的动作强度和先后顺序都十分协调，顺遂不背。临敌时只要内气猝发，后脚跗指猛力一蹬，则足弓的弹劲就由腿而胯、而腰、而肩、而肘、而手，发出内外合一、节节贯通的整劲来。这就是形意拳无攻不克、不坚不摧的"寸劲"。

郭云深师爷"半步崩拳打遍天下无对手"，刘纬祥老师七十高龄尚能用丹田气把壮年小伙子打出丈八远去，都是用的这种还弓劲。拳经云："好似还弓一力精。"

身体的框架结构

三体式把全身的骨骼肌肉都排成框架式的结构，大大地提高了骨骼肌的承受能力（这就好比喷气式飞机，它的横竖衔条本来很单薄，但彼此连接起来，成为框架式结构，就能承受许多吨的重量，而且可以大大分散、降低、缓和外界的冲击力）。

理顺和协调全身肌群

三体式把全身内外所有部位的功能全部调动起来，气鼓全身，经过一定时间的锻炼，使所有的肌肉群都逐渐发达、壮大、坚韧起来，将许多要害部位包裹起来，使身体不怕挨打，不怕点穴，不怕擒拿。例如，小腿胫骨，经过站桩时的大趾用力抓地，使胫骨外侧前肌肉向里发展，把胫骨包裹起来；腰眼处，经过站桩和丹田呼吸法，使腰方肌、腹横肌、腹外斜肌等形成雄厚坚强的肌肉群，不怕拳打、脚踢；再如合谷，经过攥拳如裹饼的功夫，使骨间背侧肌、蚓状肌、指背腱膜都发育壮大起来，形成一个硬疙瘩，不再怕人点拿。拳经所说的"拳打包裹不露人"就是这个意思。

任督二脉上下接通

通过提肛、舌顶上腭这两个要领，把任脉和督脉上下接通。由于任脉是全部阴经的综合脉，而所有阳经都归属于督脉，所以任、督两脉一通，全身的阴脉和阳脉就都畅通无阻了。天地阴阳相合能下雨，拳术阴阳相合方能成其一气。气成始能打成一块。

姿势半阴半阳

三体式的姿势全是半阴半阳，出式无不奇正相生，看斜是正，看正是斜。阴阳互根，变化神速，不为人所制也。

竖项、塌腰

由于颈部是颈动脉必经之路，又是臂丛神经所在之处，颈椎能保持正直和兴奋，势必牵动胸椎和腰椎节节对正，从而使玉枕、夹脊、命门三个穴位洞开，导引肾气上升以补脑，颈动脉供血畅通无阻，又能双肱有力。腰部是腰丛神经的所在处，腰椎塌劲，则两股有力，桩步稳固。

"逆运丹田" 呼吸法

内家拳都讲究"气沉丹田"。一般的内功呼吸方法是：吸气时丹田自然向外鼓，呼气时丹田自然向回收，可以称之为正呼吸法。

形意拳则采用"逆运丹田"呼吸法，即：吸气时丹田往回收，呼气时丹田往外鼓，也可以称之为反呼吸法。

形意拳之所以要逆运丹田，不是标新立异，而是为了配合其拳法的蓄力、发力。

师父曾对我说，太极拳要通过连绵不断的招式，以动求静，最终达至"炼神还虚，物我两忘"之境界，所以要用正呼吸法，安详深沉，利于入静。形意拳则是以迅疾刚猛的招式，瞬间发出全身合一的爆发力以击敌，所以内功要练所谓"哼哈二气"。吸气收腹以配合蓄力，发声为"哼"；呼气鼓腹以配合发力，发声为"哈"。也就是说，吸气时通过收腹，配合沉肩、坠肘、收臀、扣足等一系列动作，将全身收缩起来，便于蓄力，犹如引满之弓；呼气时鼓腹，达到"气以鼓荡"，配合各种攻击要领，整身合一发力，犹如射出之箭。全身布满"还弓力"，可以达到令敌沾身即被放出之境地，此即所谓形意拳"视人如蒿草，打人如走路"以及"打人如挂画"之意。

练形意拳的人，往往在发力时发出"哈"声，这不仅助声威，而且可以发力更彻底。这是形意拳一种独特的运气之法。

在中国古代医学典籍中，也提到过逆运丹田呼吸法。人体之气分为先天之气与后天之气。先天之气为真阳之气，通过自然呼吸得来；后天之气称为宗气，需要通过逆运丹田来养成。逆呼吸在呼气的时候，体内的气往下走，这也正是形意拳讲究"气以鼓裆"的意思。逆呼吸时，体内之气的升降是循着任督二脉行走，即呼气时顺胸、腹下行，吸气时循脊柱上行，刚好是"小周天"的路径。

郭云深曾说过，呼吸合道为形意拳之根本。天人以气为本，以心为根，以息为元，以肾为蒂。天地相距八万四千里，人之心肾相离八寸四分，一吸百脉皆开，一呼百脉皆闭。天地化功流行亦不出乎"呼吸"二字，且呼吸之法，分有三级道理。初级道理，呼吸任其自然，有形于外，练的是炼精化气之功夫；二级道理，呼吸有形于内，注意丹田，练的是炼气化神之功夫；三级道理，乃是心肾相交之内呼吸，无形无象，绵绵若存，似有非有，无声无息，谓之胎息，也就是化神还虚之功夫。形意拳术之道无它，"神气"二者而已。丹道始终全仗呼吸，起初大小周天，以及还虚之功者，皆是呼吸之变化耳，拳术之道亦然。唯有锻炼形体与筋骨之功，丹道是"精中求动，动极而复静也"，拳术是"动中求静，静极而复动也"。其初练之似异，以至还虚则同。

要严格按照桩法的要领和三心并的方法去做，即足心吸地下的阴气，手心、脑心纳天空之清阳，汇集于丹田，以补全身阴阳气之不足。气鼓全身，长筋腾膜，形成内外合一的整劲。人称三体式与天地同法，盖头居上为天，足在下为地，双手在中间为人和，此绝非虚语，更非迷信。因为练呼吸就必须与天地等自然条件有密切联系。

练功时间和场地

古人练拳时首先选清晨五更天和旷寂幽静的松柏树林，便于集中精力，不受外界干扰。大凡人之气血，行于虚而滞于实，如练拳时胡思乱想，则气必凝结障害，久之则成气痞。

在空气清新、氧气充足、环境优美的地方练拳，方能使心情舒畅，身强体壮。如晚间在庭户内练者，必须打开窗户，保持室内空气新鲜。

练拳时要采用鼻吸口呼的方法，选择天气清和的时候练，防止把恶浊的空气吸入肺内。

呼吸要自然，保持细匀深长，又要微微用点力，一气到底，才能提高肺部的能量，达到吐浊纳新、增强气力的目的。

练丹田呼吸，要全身放松，呼吸自然，全身像狗熊、大象那样前后摇摆，推动气血运行无阻。

五行拳

五行拳，是母拳，是所有形意拳式之基础。其理法精深严密，技艺专擅胜人。学者应认真刻苦练习，万不可因其形式简单而忽视之。

形意拳的主旨，是要练出内外合一、上下相随的整劲。形意拳的劲是最难找的，故拳式必须一招一式地练，集数年的纯功，才能练出形意拳的真劲——像树干枝叶那样挺拔有力。唯有如此，才能学好形意拳。否则喜好繁花，随意添枝加叶，丢掉了形意拳的主旨，那就一辈子也练不出形意拳的真劲来，只能落个枉费工夫遗叹息的结果。

刘老师常说："拳式好学，劲难找。"

拳经云："拳打干枝叶。"欲练出形意拳的六合劲来，必须严格按照拳式来练习，这是内外合一之理。

五行拳视心、肝、脾、肺、肾为内五行，舌、眼、口、鼻、耳为外五行。拳谱曰："内五行要顺，外五行要随""五行合一处，放胆即成功"。五脏实乃性之原、气之本也。拳术虽千变万化，无往非势，即无往非气也。势虽不类，而气归于一。因此，只有在五行拳上狠下苦功，才能达到内气充沛，身强体壮，战无不胜，攻无不克的目标。

劈 拳

劈拳特点

劈拳属金，其形如斧之劈物，练的是劈拳左右二式一气之起落，其起落如水之翻浪，极言其势之雄壮也。盖起为钻、为横。

刘老师常说："与人较技，只要用眼一瞟他的侧面就没有了。"说的是只要微微一变脸，就避开了他的正中而找到了他的横中。拳经曰"起不起，何用再起""起无形，落无迹"，就是掌握了用这一极精微、细小的动作，稳操胜敌的奥秘。

"起式好似卷地风"，水到渠成，两臂内旋向胸前合抱，拧裹上钻，使中心形成真空，才能使全身腾空而起，迅猛有力，如蛰龙升天，有腾云驾雾之势。

练时要猛吸一口冷气，出声为"哈"，心情紧张，富有恐惧惊觉的神气，好像在毫无精神准备的情况下，四面八方的冲击猝及；又好似平静的环境中，突然听到一声怪雷，激发出先天的防御本能，迫使肾上腺迅速产生大量的激素，极大地提高了自身的攻防能力，出奇制胜，化险为夷。

古拳谱云："拳无拳，意无意，无意之中是真意。"又云："拳打急神搜抖纯。"说的都是这种惊炸劲、短劲、寸劲。

落为翻，落如霹雳盖地，极言其气魄之雄伟也。在气为呼为发，出声"哼"字，胆要大，气要壮，心手要毒。拳经云："拿住丹田练气功，哼哈二气妙无穷。"刘老师与人较技十分沉着，就是掌握了这一极精细动作的奥秘。

劈拳动作（招式）

（一）顺步劈拳

1. 起式

三体式，吸气，左足跟斜向上提，足尖点地，用丁字步站在右足里侧，左掌变拳撤至肚脐处。（图4-1）随即上钻至口上眼下；右掌变阳拳停于右胁下；再吸气，左足垫步，左拳向前往上拧钻，翻至十指朝上，高与眉齐；右足跟步，头顶项竖，上身要猛向前挺进（图4-2）。是为左起式。

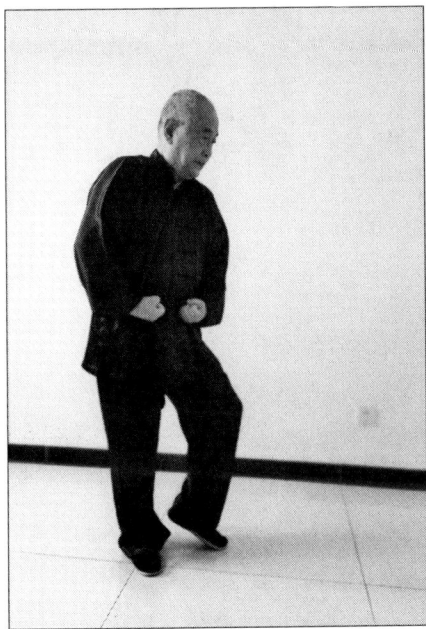

图4-1

图4-2

拳经云："打法定要先上身，手脚齐到方为真""打人如亲嘴，看人如蒿草，放胆即成功"。

随呼气右足向前猛进一大步，右拳变掌，经左小臂上侧，猛向前往下劈出，全身下蹲，左拳变掌勾回胸口，左足跟步。（图4-3）是为右落式。

接着打右起式（图4-4，图4-5）、左落式（图4-6）。如此轮流前进，次数不限。

图 4-3

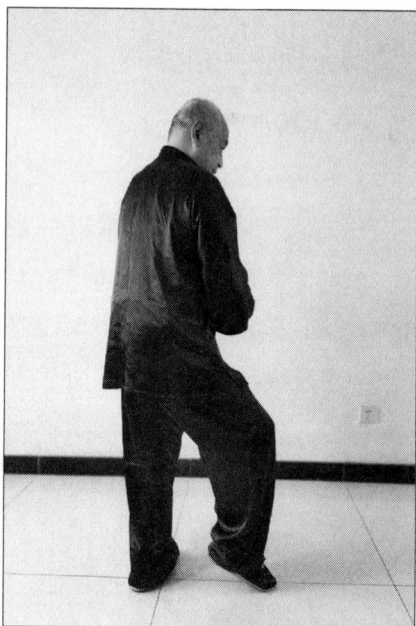

图 4-4

图 4-5

图 4-6

2. 转身

不论远近，当左手左足在前时，再向右回身，取天左转之义，先将双手拉回丹田旁。右足尖翘起，以足跟为轴，向右向后转身；左足同时扣至右足前，成丁字步，右拳向右后方前钻，高在口上眼下；再上左足，劈左掌，仍为三体式（如图 4-4～图 4-6）。

3. 收式

走至原起点处，转身仍恢复三体式，唯右足往前跟步。随吸气，双掌上托至下颏，掌心向上；随呼气，双掌翻至掌心向下，徐徐下按，靠肚脐两边。气要收入丹田，稳住。两眼稍向上看，能泄阴火，使头目清爽。

（二）拗步劈拳

由三体式，右小臂顺式上提，转至拳心向上向外，右肘夹肋，拘住敌拳；同时，向右转腰，调胯下蹲，使小腹压在右大腿根节上；同时，左掌向下猛劈，右足向后猛退，并带动全身向后大退。

（三）退步劈拳

由三体式，身向左转。左掌向右，经面前做猴摸脸动作；右掌掩肘，停至右耳前；再向右向后转身，右掌向左，经面前做猴摸脸动作。

左右交替，次数不限。

劈拳要领

（1）起式要头顶项竖，长身而起，就是脊椎和腰椎都要节节松开，急力往上伸长，微向右向后闪躲。

右小臂要贴住对方的左臂和肩膀，偏右向上向前斜钻。

右腿向上提，双眼顺着自己右手的方向，看对方的肩膀和颈项，要有把对方铲起来的意念。

起为横——有名无形之横。师云："与敌交手，只要意念一动，用眼一看对方，则我胜彼败之势已成。"这是形意拳用法之精微处。

拳经云："起势好似卷地风""如伏龙升天"，极言动作之空灵微妙也。

要猛吸一口冷气，横膈极力上升，胸腔尽量向外扩张，丹田气紧贴脊背上升，充之于肋，注之于两肩窝，聚满胸膛，有如金鸡昂头独立，斗志坚强，气势雄壮。

落为呼，为翻，发声为"哼"，姿势要藏身而落，上左足，左掌从右小臂上向前向下猛劈，右手用力拉回，全身下蹲；同时要张大口吐气，猛吼一声，以防肺部闭气受伤，耳膜震裂。

刘老师讲："落如霹雳盖地，要有'雨煞尘灰净，风吹暴雨回'的雄伟气魄。"

（2）劈拳在内属肺，肺乃五脏之华盖，主肃降。肺经翕张性空灵。肺动则诸脏不能静，盖肺朝百脉，全部经络的气血流通，靠宗气推动；浑身的营养，凭营气输送；防止外邪入侵，主要靠卫气保卫。只有肺气充沛，才能身强体壮。

刘老师说："劈拳是五拳之首。每天早晨都应先练劈拳，以调息、养气。如劈拳失和，则肺气不调，势必影响到心、肝、脾、肾诸脏，内气不顺，则崩、钻、炮、横四拳都练不好，使身体陷入气虚体弱之困境。"

（3）练劈拳要时刻注意，气发筋梢，虎威鹰猛，以爪为锋，手攒足踏，气势兼雄，爪之所到，皆可奏功。因为手指足趾，乃阴阳经交会的地方。

古拳谱云："拳脚阴阳相合，能成其一体。"落式脚跟踏地，可振奋阴跷、阳跷两脉，沟通六阴经和六阳经，互相渗透，既可壮身健体，又能气攻病灶，收到防治疾病的效果。

（4）练劈拳，要使丹田气经肩窝吐出，直达掌心和指尖；同时，注意松肩松肘松腕，方能使力达掌心和指尖。

劈拳打法

用掌或用拳，走直路或走斜路，面向四隅均可。两吸一呼或两呼一吸均可，要根据敌我力量对比灵活运用。在对方武艺高强，进攻迅猛时，当采用两吸一呼的方法，先退避三舍，以避其锋，待机反扑。反之即可用两呼一吸的方法，猛打猛冲，连续进攻，不给对方以喘息之机。

崩　拳

崩拳特点

崩拳属木，其形似箭，有射物之意。拳势刚烈，贵神速，出如脱兔，练的是一气之伸缩。在体内属肝。肝主条达，其拳顺，能舒肝气，长精神，强筋骨，治眼疾；其拳谬，则肝气伤，脾胃失和矣。

崩拳动作

1. 预备

由三体式，左臂前伸，沉肩坠肘，高与胸平；右掌大指靠脐，手腕往前塌。

刘老师讲："注意力要放在后手，要前塌不去，气力直达前手腕上，如箭上弦，有一触即发之势。"（图4-7）

左足先开，右足跟进，胫对右踵。右踵要用力外撇，放在中线之外。全身重心放在右足，足尖里扣，整个右脚要与左脚平行。两膝盖均向里扣，右足膝盖距离左膝窝约一拳（10厘米），这样右足才能直接后蹬，反作用力推动全身迅猛前进。

腿曲势峻。两掌变拳，后阳前顺，顺者力抛，阳者奋进，两手互易。步法莫紊，左足在前，右足跟进，故亦称左步崩拳。（图4-8）

跟步是形意拳所特有的，可成为连环步，便于继进。

拳经云："形如槐虫，起如挑担。"譬之拉弓射箭，迅猛直前。提肛缩肾，尾闾中正，弓腰，右胯后坐，与右足跟上下垂直，托起左胯，使左腿有欲动之势。

图 4-7

图 4-8

师云："崩拳贵神速，全靠后足的蹬劲发扬，这就需要多站三体式桩法，把双腿的大筋拉长，并使筋骨粗壮有力；经常用跳河沟的动作来提高双腿的弹跳力。后足一蹬，全身可跃进丈把远。迅雷不及掩耳地将对方打出去，这就是郭老师'半步崩拳，打遍天下无对手'的关键。"

右足向后直蹬，利用反作用力，推动全身迅猛前进，所向无敌。拳经中"不钻，不翻一寸为先"说的就是这种寸劲。

2. 起点

双掌同时握拳，拳经云："攒拳如裹饼。"四指要逐节卷紧，大拇指要极力压住食、中二指的中节，使拇指节一节为圆形，不露骨节，方为合格。手腕要平直，拳形如蛇头，力量要集中到食、中二指的中节。

3. 起步

左足极力前进。右拳猛击直前，双肘要紧靠肋骨，拧钻直前，硬挤出去，其中要有锉劲，拳头和小臂要向右旋转，拧钻前进。左手右旋向下勾回，停在左脐旁，要有勾挂劲。对方的拳如在自己小臂的下边，就用力将之向下勾住往后拉，以助右拳前进；如果对方的手在自己小臂的上边，则拳往外翻，用手腕挂住对方的拳往后拉。

右足跟步，落在左足跟后，相距四五寸远。（图4-9）

如此左式右式轮流前进，次数不限。

古拳谱云："去如钢锉，落似钩竿""去如箭，落如风，追风赶月不放松""去似风，落如箭，打到还嫌慢"。崩拳贵神速，郭云深师爷半步崩拳打天下，在武术界传为美谈。

4.回身式——狸猫倒上树

进至右拳在前时，左足尖翘起，向右向后扣回，使两足成"八"字，两膝紧靠住。右拳撤回，由脐上钻至口上，如托下颏状。（图4-10）随势转身，面向后方，右足提起，横用脚跟蹬出，右拳上钻（图4-11）。左掌从右小臂上向前往下劈出，手足齐落，全身下蹲，两腿如剪子股势，后足跟欠起寸许，两眼仍看大拇指根节、食指梢。（图4-12）

图4-9

图4-10

图 4-11　　　　　　　　　　　　　图 4-12

5. 收式

打至原起点处，回身后，左足向前，迈进一步。右手向前打出一拳。稍停，右足向后斜退半步，左腿大退至右腿后，屈膝站稳；同时，左手握拳，从右小臂下侧横拳击出，右手拉回至右胁。是为退步横拳。

稍停起身，双手托至颏下，翻掌下按，气沉丹田。眼向前微向上看，气不外散。

崩拳要领

（1）崩拳跟步，是形意拳重要特点之一，可缩短双重时间，经常保持单重，动转灵活，便于继续进攻。

孙禄堂师兄在创编的开合太极拳中，将步法都改用跟步，是很有道理的。

另外，后足蹬劲，使右胯把左胯托起，则左足自可大步迅猛前进。

拳经云："形如槐虫，起如挑担。"

（2）崩拳贵神速，用寸劲，主要靠丹田气充足，通过横膈膜的升降起伏，运气注于肺，停于腹，盈于脏器，凝于两肋，把内脏的功能充分发动起来。后足大趾猛向后蹬，整个身躯迅猛向前，成为内外合一的整劲，形如野马闯槽，一扑即到。所以，练崩拳应特别注意后脚和腿的姿势，后腿的膝盖骨距离前腿膝窝只有 10 厘米，因为后足的角度应在 40°以内，只有这样才能充分发挥蹬力。假如后脚尖向外撇，根本达不到野马跳涧的效果。

后手要前塌不去，时时保持着预动之势，两肘夹肋拧钻出去，充分运用两肋的转动发力，否则，是不可能练出猝发即至的寸劲来的。

（3）练崩拳须大脚趾抓地后蹬，拳从右肋拧钻而出，双目圆睁。练崩拳能使足厥阴经振奋起来，有利于防治肝病和眼疾。

崩拳打法

（1）崩拳练到一定程度后，左手应改为先虚后实，左手出击时，从右肘窝到右拳头，全是活把，当活把挨近对方肚皮时，才突然变拳，着实用力迅猛前击。大凡名家搏斗，出手无隙可乘，虚实变化，然后才相机击之耳。

练拳的人应懂得"力以柔而刚"。名家动手，若在有意无意之间，待其抵隙沾实，而后全力一吐，沉重如山，可以气透肤理。学者认真研究体验，方能知晓其中之奥妙。

（2）练崩拳需要心狠手毒，斗胆勇敢。内气猝发，后足猛蹬，由足而腿，而胯而腰，而肩而肘而手，一发即至，有如野马跳涧，腾身而过，这种内外合一、上下相随的整劲、寸劲，是战无不胜、攻无不克的绝技。

师云："形意拳的套路好学，劲不好找。起为钻，落为翻，不钻不翻，一寸为先。"

学此拳必须有吃苦耐劳的精神和持之以恒的决心。有了吃苦耐劳的精神和持之以恒的决心，始可有成。

钻 拳

钻拳特点

　　钻拳属水，其形似闪，如泉突出，如水之曲曲流行，无微不至也。临敌应变不识不知，手中所至若有神会。在体内为肾，肾乃先天之本，尤为诸脏之源，故肾水足而金、木、水、火、土皆有生机。肾壮，清气上升补脑，浊气下降。心肾相交，水火相济，则百病不生。其拳不顺，则劲不能出，而拙劲不能化矣。

钻拳动作

1.预备式

　　三体式为起点，左足垫步前进。左掌手心朝下，大拇指根节靠近胸口；同时，右手握拳，仰置右肋旁，上钻至口上；进步，打鼻尖，眼看前手，锐气发扬。（图4–13，图4–14）紧接落式，乃不可防。

图 4–13　　　　　　　　　　　图 4–14

2. 落式

左足已开，右足再前进，脚落拳钻出，拳宜迅，腰眼用力，则肾力出矣。左足斜跟，右足仍顺。前拳取鼻，后拳近肋。脚手与鼻列成直阵。（图 4-15，图 4-16）

图 4-15　　　　　　　　　　　　　图 4-16

3. 回身

右手在前，则左回身；左手在前，则右回身，左手从肋间反击，以扣敌腕，右足前进，右手上钻。

4. 收式

打至原起点处，回身后，再打一个钻拳，后足跟步，身体直起；双掌上托至颏下，随呼气翻掌下按至肚脐，稳住，气不外散。

钻拳要领

（1）钻拳在体内为肾，是足少阴经之脉，必须左右腰眼轮流用力前攻，肾劲乃出。肾开窍于耳，练钻拳有固本强肾的作用，能健肾，防治耳病。

（2）钻拳出式，后足向下往后蹬，所以足弓以下侧角要大于崩拳、小于劈拳。前足下落要用力踏地，促使前拳猛往上钻，促使阴跷、阳跷二经振奋起来，提高双腿行走弹跳的力量。

刘老师讲："练钻拳，要像园林工人用铁铲铲树一样，必须腰眼用抖劲才行。"同时，要特别注意舌向上顶，腰往上挺，命门前攻，以助其势。

炮　拳

炮拳特点

炮拳属火，形似炮，忽然爆发，拳出如炮弹出膛，如石之投，最烈最猛。练的是一气之开合。在内为心，心为君，君火动，则相火无不奉合焉。心火上炎，象其意，则如猛虎。心为君主之官，主血液在脉管中之运行，向各器官输送营养。古医书说："心主神明。"人的精神、思维活动都与心脏有关。其气和，则心火下降，头脑清醒，心安神旺；其气乖，则心中蒙昧，四肢失和矣。

炮拳动作

1. 预备式

三体式为起点，掌变阳拳，两肘夹肋，舌卷气沉；左足提起，紧靠右足里胫骨；腰塌住劲，微向右后转；眼回顾后下方，如虎看尾；重心压在右腿。（图4-17）

落式，右拳向左前角出击，如石之投。同时，左足向左前角迈进一大步，右足跟步。左拳顺中线上钻，经口至头正额；右拳同时提至左小臂里侧；左拳极力向外扭劲，拳心朝外，小指向上，手背紧靠正额；右拳同时迅猛出击，要和左足落在一个点上；眼看右拳食指中节，右肘和小臂斜向下垂。（图4-18）这叫"拳打一，不打二"，就是被打的同时即出手攻击，出拳不分前后，与其他拳先破后打的说法不同。这也是形意拳法特点之一。

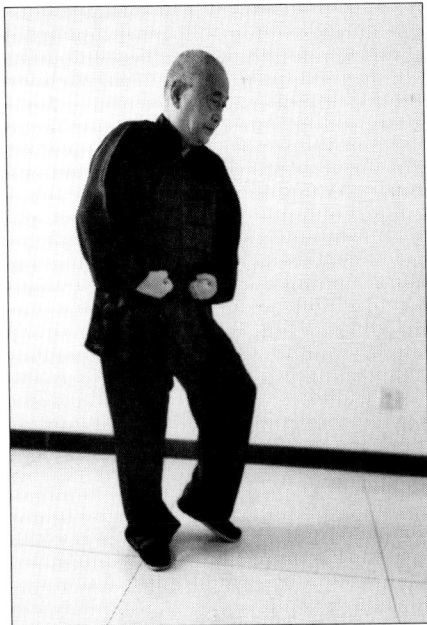

图 4-17　　　　　　　　　　　图 4-18

2. 回身式

左手出则左转身，右拳出则右转身。左转身时，全身重心压在左腿上，右足尖提起扣至左足尖前，成丁字步，两膝盖要靠紧，再把重心稳至右足，左足立即提起斜出；右拳随着左足一齐打出去，分别打向左前角、右前角、左后角、右后角四隅。

3. 收式

右拳、左足打出后，全身起立，右足跟进，靠近左足跟；随吸气，双拳变掌，托至下颏；随呼气，翻掌下按至肚脐稳住，气不外散。

炮拳要领

（1）练炮拳必须和足少阴肾经相通，适可达到水火既济、百病不生的目的。所以练炮拳时，要更多地注意调胯转腰，调动肾水上升，借以降心火。

（2）炮拳落式要注意侧身，使上拳贴近对方的腋窝往上钻，胸、膊尽量贴紧对方的胸腹部，迅即用爆发力把对方打出去。拳经云："打人如亲嘴。"盖名师很少在远距离用力打人。

横 拳

横拳特点

横拳属土，形似弹，练的是一气之团聚。在体内为脾，运化消磨胃中之水，为后天之本。四肢、肩膀皆脾之所主也，脾气暴发似雷电。其气顺，则脾胃和缓；其气逆，则脾虚胃弱，而五脏必失和矣。横拳是形意拳之要拳。横拳不和，百式无形，学者不可忽视之。

横有先天之横和后天之横。先天之横，自虚无而生有，其意发萌之时，在拳中谓之横，亦谓之起。此横有名无形，为诸式之母也。

师云："与人交手，只要用眼一看他，就已经破了。"说的就是这种无形之横，这种横是非常精微的。

外形七拳以动即为横，亦为诸式之乾，万法皆生于其内也。

横拳动作

1. 预备式

三体式为起点。双掌变拳，右拳经左肘下向左前角猛击，拳心向上；左足向左前角迈进一大步，右足跟步，形如蛟龙出水。（图4-19，图4-20）

两拳出击，都要似横非横，看斜是正，看正却是斜也。两腿拧挡，前拳要连拧带钻，直至极点为度，不可有曲劲。左手腕向外拧劲，手心朝下，将对方的手拉至右肘里侧扣住，两手分开时，要有撕棉不开之意。两肩要合住劲，要自然，不可努劲。两眼看右拳心，两臂如太极扇形，前手高低与胸口平。

2. 换式

左足垫步，上身右转（图4-21），右足向右前方迈进一大步，左拳从右肘下拧钻向右前角出击；右拳里翻，拳心向下，拉至右肘里侧停住（图4-22）。

图 4-19

图 4-20

图 4-21

图 4-22

总之，左足右拳与右足左拳交替前进，走四隅。次数不限。要领在于转腰。

3. 回身式

当左手右足在前时，先将重心移至左足，然后提起右足，极力往左方勾回，横落左足前，成丁字步，重心移至右足，左足向右后方斜出一步；同时，右拳经左肘下横出，仍如起式。

4. 收式

左手右足在前时，身往上起，双手托至下颏，左足跟步；随呼气双掌翻掌，徐徐下按至肚脐稳住；两眼向前微向上视，气沉丹田不外散。

横拳要领

练横拳要注意不能见横，时刻注意转腰；上步要似斜实正，通过转腰引带，后拳回勾，前拳外崩。

即拳经所云："横不见横，看正是斜，看斜是正也。"

横拳打法

如果对方向我右肩右臂进击，我应迅速往后转腰，以带其劲，同时右手变勾掌，扣住对方右腕，左手塌住对方肩背，猛向后方採之；抬起右膝，猛击其腹部，是为膝打；同时全身继续向右后转动，头部向左上方顶劲，上身随之向左前方倾斜，可保持自身平衡，又可把对方摔到背后去。

　　进退连环拳简称连环拳，乃五行拳的合一之式，又称七曜连珠，其分合不出起落、钻翻、阴阳、动静，乃一气之流行也。盖喜、怒、哀、乐之未发，谓之中，发而皆中节谓之和。中也者，形意拳之大本也；和也者，形意拳之达道也。五行合一，致其中和，则天地位矣，万物育矣。若知五行归一和顺，则天地事无不可推矣。

　　天为大天，人为小天，天地阴阳相合能下雨，拳脚阴阳相合能成其一体，皆为阴阳之气也。内五行要动，外五行要随。静为本体，动为作用。若言其静，未漏其机；若言其动，未见其迹。动静正发而未发之间，谓之动静之机也，先哲云："知机者其神乎。"故学者当深入研究，此二体相连，二五合一之机也。

连环拳特点

1. 五行拳合一

劈、崩、钻、炮、横都是单式演练，而五行拳的拳式有相生、相克，我生、生我，我克、克我，相乘、相侮的多种机变。为了能在五行拳基础上掌握其多种机变，前辈创编了连环拳，作为单式演练法的进一步练法，所以说这是五行拳的合一之式，又可说是七曜连珠。七曜指日、月及水星、火星、木星、金星、土星，在形意拳中其所指为头、肩、肘、手、胯、膝、足，又称七拳。而连珠动作，不出阴阳、动静、起落、钻翻之变化。于此可知，连环拳实为五行拳合一的练法，是单式演练基础上的进一步功夫。

2. 进退迅速，进变进，退亦进

由于连环拳动作连贯，忽进忽退，在闪展腾挪中，又呈进退无定之势，因此，它不但进是进，退也是进。拳谱中讲到身法时，有"夫身法者何？纵横、高低、进退、反侧而已""忽纵而忽横，因势而变迁……忽高而忽低，随时而转移……时有宜进，固不可退而缓其气；时有宜退，即当宜退而鼓其进。是进固退也，即退而实赖以进"之语，演练连环拳，绝不可忽视之。

3. 可拳可掌，可用器械

连环拳如以拳为掌，就是连环掌；以手握刀，即是连环刀。因连环拳实为五行拳手法，即手式之变化，所以无论徒手还是使用器械，均可应用无碍。

4. 演练可长可短

五行拳穿插变化而连贯一气，一般为十四五式，欲长可以循环往复以长之，不受时间场地之限。

5. 必须按照五行拳要领练功

连环拳虽为五行拳连贯组合之新拳种，但绝不能脱离五行拳要领丝毫，譬如奏乐一样，不管演奏何种乐器，必须中乎拍节，达乎和谐的中和境地，即所谓"五行合一，致其中和"。五行合一，致其中和，就是阴阳、动静的相合。拳谱曰："拳脚阴阳相合，能成其一块。"练功者要善于领会其"机"，"知机其神乎"。

连环拳名称

传统上，形意拳习惯对某拳式用形象取意名之，近年来，为了避免形象取意命名不明确的缺点，多改用动作命名。这里把二者并列一起，以便比较和记忆。

连环拳动作

（一）进步连环拳

1. 预备式

三体式。

2. 青龙出水——进步右崩拳

两掌握拳，左足前进，右手打崩拳。

3. 退步横拳

接上式动作，右足向后斜退半步，左足大退至右足后边，两腿成剪子股式；同时，左拳经右肘下横出一拳。

4. 黑虎出洞——顺步右崩拳

右足前进一大步，足要直出；左足仍斜，里胫骨相对右足后跟；右拳从右肋直出，小臂要有下锉之意，与崩拳同；两眼看右拳食指中节；左手腕向内旋，与右拳打出同时撤回至左肋。

5. 白鹤亮翅

先将两手屈回，手背相向至胸口下，再一同徐徐上提，至头正额，这时上身向后仰，两手左右分开，画上半弧形至极处；然后左足极力垫步。两手再画下半弧形，落至小腹，两肘紧靠两肋，左手张开，右拳背落在左掌中；手起时双眼仰视两拳；手落时，两眼看右手随着下落；右足同时撤至左足里侧，足跟靠近左足内踝；身腰成三折形，腰要极力向下塌劲，两肩两胯仍如前抽劲，头顶，两眼往前看。

6. 右步炮拳

右拳经口上钻至头正额，手腕向外扭劲，小指翻至朝上，手背向里靠近正额，拳和小臂斜坡成 45° 角，利用滑车作用，把外力滑出去；左拳同时提至右腕里侧埋伏住，与右足同时猝发，直向前进攻，不要斜着走步。

7. 退步钻拳

左手下落至小腹处，同时右拳裹劲下落，右足极力往后撤步；左手拳心向里，顺着身子向上钻至口上鼻下，翻掌下落，右拳再上钻至鼻下停住。

8. 左式劈拳

左掌经右小臂上侧劈出，右掌下落撤至肚脐；眼看大指根节、食指梢节；两肩两胯均松开，抽住劲。此时身子是阴阳合一之式，胸中似空空洞洞为妙。

9. 右手上穿掌

掌心朝上，经左手腕上向前斜上穿出；左掌下按至胸口，指尖靠近右肘里侧。

10. 拗步左劈拳

上右足，横脚下落，上身向右转；左掌劈出，右掌撤回，全身下蹲，成剪子股形。

11. 右手崩拳

上右足，出右拳，左手撤至左肋下。

12. 回身

右拳撤回。左足脚尖翘起，向右扣，两足尖接近，成倒"八"字形，两膝靠近，全身向后转，右足顺势提起，横脚蹬出；同时，右拳上钻至口上眼下，停住；随呼气，右足落下。此即狸猫倒上树式。

13. 右手崩拳（动作从略）

14. 收式

打退步横拳，起立，左足跟步；随吸气，双掌上托至颏下；身体正直，两眼平视，微向上看；双掌翻掌下按至脐，稳住，气不外散。

（二）退步连环拳

退步连环与进步连环套路，几乎完全相同，主要在白鹤亮翅、左手炮拳之后，加打一鲐形。

即右足后撤，左肩前伸，右臂向里裹劲，手心向上向腹部掩回，左手变鲐形掌向左前角出击；同时，左足向左前角前进一步，要轻灵；右足跟步，但不落地。

右手鲐形掌向右转向下、向左提至左腋前停住，是为鲐形左式。

出右掌向右前角出击，右足随之向右前角进一步，是为鲐形右式。

然后再打两个退步鲐形。打到左式时，右掌从腋窝处上提，再向右后捋去，左手转腕，掌心向右，配合右掌一同向右后捋去；同时，上身向左前方倾，提起右膝盖猛向对方腹部冲去，是为膝打。

换式双掌向左捋，左膝向右冲去，打几次不限。

随吸气，双掌收至颏下，右膝下落；随呼气，双掌下按至脐，右足落实，气不外散。

"中"与"顺"的概念

1. 中

"中"这一词在拳谱中多次使用，对于它的概念，在不同的地方要仔细体会。"中"这一概念是从中国古典哲学中引申出的，范围比较广。它的基本意义是"不偏"，可以理解为合于规律，理解为"正"，理解为平衡。如"五行合一，致其中和"，就含有动作要完全合乎五行拳要领之意。"脚踏中门抢地位，就是神手也难防"，则意味着使对方的横在我为正，以制敌取胜。"起落二字身是平，盖世一字是中身"，即无论是盘架子，还是和人交手，都必须保持自身的平衡，稍一失中，就会被对方牵动。《拳谱》曰"前打不够"，就是说拳打出时，哪怕再往前一分就能打中，也必须停住，这是点明要保持中定，不能失去平衡。

2. 顺

"顺"这一概念，也是拳法上常用之一，同样也要注意在使用中的具体含义。一般地说，它指的是全身肌肉、关节，即四体百骸，都要顺随不背，只有一节领百节随，七拳相助为友，才能形成一个整劲。至于其他含义这里就不一一细说了。

天以阴阳五行化生万物。气既成形，理即附焉。乾道成男，坤道成女，而人道生焉。天为大天，人为小天，拳脚阴阳相和，五行和化，由此而生出形意拳。气无二气，理无二理。然物得气之偏，其理亦偏，人得气之全，其理亦全。物虽得气之偏，然皆能率天赋之性，一生随时起止于完成之地。十二形者，皆天地所生之物，为龙、虎、猴、马、鼍、鸡、鹞、燕、蛇、鮐、鹰、熊是也。此十二形可以概括万形之理，故十二形为形意拳之目，又为万物之纲。

据说，十二形在山西戴氏心意拳中原本为十形，是天干之数。李老能将之扩为十二形，是地支之数。干数十，地数十二。因为天的半数是五，五气合一，一阴一阳，加起来是十；地的半数是六，六合为一，一阴一阳，加起来是十二。根据地支数，选取动物之特能，成为十二形。

人以身体模仿动物之形，又以心揣摩动物之意，这就是形意拳的涵义。通过练习十二形，以气贯通十二经络，使人身体四肢百骸、五脏六腑均无闭塞之处，则百病就没有了发生之源。

龙 形

龙形拳，有降龙之式，有登天之形，又有搜骨之法。此形神发于目，威生于爪，外刚猛而内柔顺。龙本属阳，在拳则属阴，与虎形之气轮回相接，二形一前一后，一升一降，阴阳互补。

龙形歌诀为："龙形属阴搜骨能，左右跃步用柔功，双掌穿花加起落，两腿抽换要灵通。"

龙形招式如下。

1. 左式

三体式起势，左足回撤，左掌随之拉回丹田变拳。（图6-1）

左拳自丹田向上钻出，同时左足尖外扭向前蹚步，右拳贴左臂上钻，向上钻时犹如"蛰龙升天"。（图6-2）

左足蹚步落地，右足扭直，足尖点地，后跟欠起；右手立掌前劈，

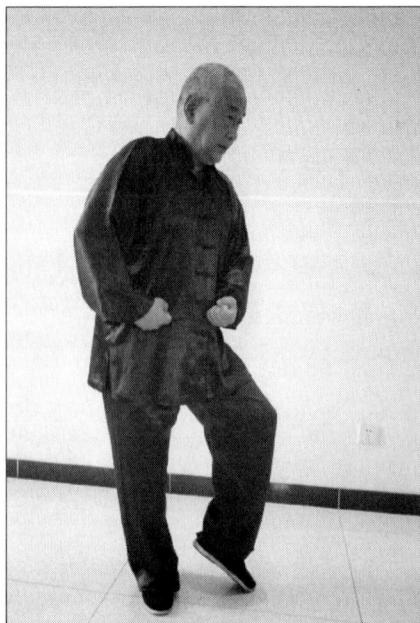

图6-1   图6-2

左手收至胯后，两胯放松，蹲身
要低，小腹贴紧左腿，如龙下潜
之意，即"懒龙卧道"，两眼看前
掌食指，掌与心口平。（图6-3）

2. 右式

前掌如劈拳回缩丹田后钻拳
向天，右足蹬劲站起后前踢跃起，
要"束身而起，展身而飞"，如飞
龙升天之意；双拳从颏下穿出，
跃起时头要暗含顶劲，"往上长身
而钻"，仿佛龙在吐水。（图6-4）

左手贴右臂向上后前劈，在
空中两腿调换，变右前左后之踢
步落地，下落时蹲身要低，如龙
下潜。（图6-5）

以上是龙形基本式，可视场地大小练习，重复次数多寡随意。

图6-3

图6-4

图6-5

龙形打一气之起伏，此式要点是大开大合，大起大伏。要在"左右跃步""双掌穿花"中尽力体现这一特点。"蛰龙升天"时要双足蹬力，全身节节贯通，抬头仰视，腾身而起，蹿得越高越好，练习"懒龙卧道"时要双膝交叉，俯身而伏，趴得越低越好，要练出龙的"搜骨之能"。总之，练习龙形，一定要神发于目、威显于爪、力起于足、劲源于腰，在纵落起伏中周身关节节节贯通，刚柔相济中六合归一、形神一气。动作要矫健，腰身要柔韧，起落要迅捷，伸缩要自如，这才是"龙有搜骨之能"。

拳谱歌诀云："头打落意随足走，起而未起占中央，足踏中门抢地位，就是神手也难防"。此歌诀讲的就是龙形拳的要领。起手"拳落随足走"，然后在上钻之拳将起未起之时，前脚立即"足踏中门抢地位"，插入对手两足之间，脚尖要横过来，给他下一个"拌马桩"，紧随着掌落人斧劈，让他"就是神手也难防"。

龙形左右两式可以无限重复，要领不变。

3. 回式

在前掌回拉至腹时向后转身180°再起脚上钻，"长身而出"（如图6-2或图6-4）即可。

4. 收式

还原于右式，即右足左掌在前之蹋步下潜之式。稳住后，起身收脚回到太极式，双掌合于口前，徐徐按下。

虎形

虎有饿虎扑食之勇，其拳式为虎扑。虎形拳可以贯通诸脉。

虎形歌诀为："虎形属阳力勇猛，跳涧搜山它最能，抢步起时加双钻，双掌抱气扑如风。"

虎形招式如下。

1. 猛虎跳涧

三体式起式，左足先垫步再将右足极力前进，过去左足一二尺，不等落地，左足即提起，紧靠右足踝骨，左胯下蹲与左足后跟上下垂直；重心全部移至后腿，两手与左足亦同时搂回，提至小腹处，手心向上握拳，两肘紧紧靠肋，舌卷气沉塌腰稳住。（图6-6）

这种单重的功夫，是保持姿势稳定的科学方法。

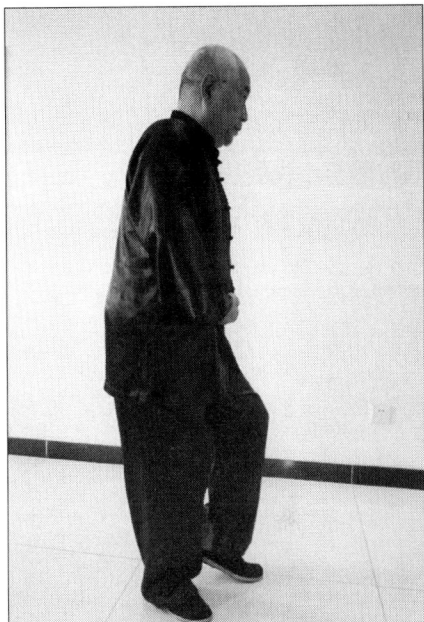

图6-6

2. 猛虎扑食

左足斜着向前迈进一大步，右足随后跟步与练炮拳相同，丹田气猝发勇往直前，呼气时右足用力猛往后蹬，右胯向前向上托劲，头顶项竖，长身挺腰，两手顺着身子钻上至下颏处，翻腕向前扑出，两手虎口与心口平，双目向前偏上远视。（图6-7）

这一招虎扑要打出威猛气势，有如野马跳涧，好似饿虎扑食。意识中要有把对方送上墙去之念，形如挂画。紧接着又把他抓下来，再送上墙去。这就是拳经云"打人如挂画"之意也。如此右跳涧左扑食、左跳涧右扑食随意重复，

图6-7

即为虎形。

3. 换势

先将左足扣脚尖往前跨一二尺，转向右前方，两手于左足落地时，同时落至小腹处。（图6-8）

然后两手随右足前跨而变掌扑出。（图6-9）

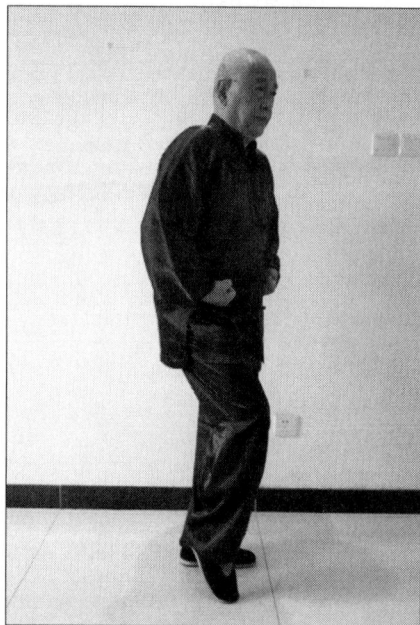

图6-8　　　　　　　　　　　　　图6-9

4. 收式

待扑出后稳住，然后收脚回到太极式，双掌和于口前，徐徐按下。

猴形

猴在动物中最为精巧，有缩力之法，又有纵山之灵。

猴形歌诀云："猴形轻灵起纵轻，机警敏捷攀枝能，扪绳之中加挂印，爬杆加掌向喉中。"

　　练习猴形必须把握其动作"快、灵、警、巧"的特点。体现其"纵山之灵"。

　　猴形拳的招式：猴形包括猿猴挂印、猿猴切绳、猿猴爬杆，三式相连为一趟。猴形的掌法是大拇指与食指中指撑开，无名指小拇指半屈。

　　猴形拳的方位有特殊性。它每一趟变换一个斜线，通过猿猴挂印来调节方位。如面北起式，第一个猿猴挂印后即面向东北，第二个猿猴挂印后面向西南，第三个猿猴挂印后面向西北，第四个猿猴挂印后面向东南。

　　猴形的具体招式如下。

　1. 猿猴挂印

　　三体式起式，左足回撤，左掌拉回丹田，双掌变拳。（图6-10）

　　然后左足向右插步，足尖尽力外撇，身随足尖外撇转向侧后，左手落至丹田再钻拳至右眉处。（图6-11）

图6-10　　　　　　　　　　　　　　图6-11

右足扣足尖转步至与左足尖相对，成内八字形。（图6-12）

然后面自向西转向东北；左足跳步大撤，右足足尖点地随撤，足跟拔起，对着左足胫骨，左手出至口前二三寸，手背向上，右手收至右胯处，收胯缩臀，头顶劲，稳住。（图6-13）

图6-12   图6-13

2. 猿猴扔绳

双手右下左上连扔两遍后，右爪自左爪内向前扔出，左爪同时回扔至丹田。（图6-14）

3. 猿猴爬杆

右足前踏，左足再跨步向前跃起，右膝高高提起。（图6-15）

左足落地，右爪仍向前扔出。（图6-14）

以上三式相连为一趟，以下再接猿猴挂印。（图6-16）

调整方向，再接猿猴挂印（图6-17~图6-20）即为下一趟。

招式循环，趟数随意。

图 6-14

图 6-15

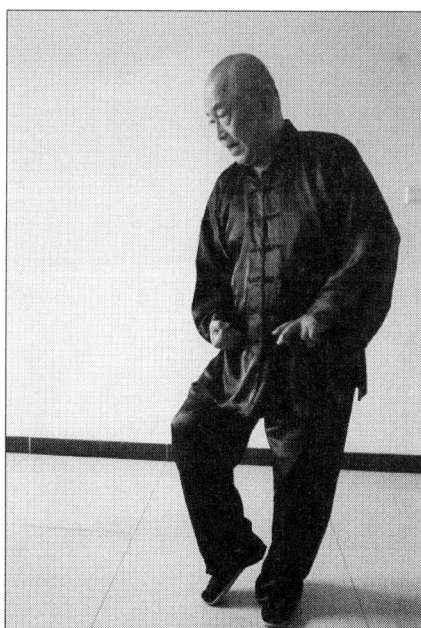

图 6-16

图 6-17

图 6-18

图 6-19

图 6-20

4. 收式

还原于起式处，通过猿猴挂印，调整方向，以猿猴扪绳面西北停住（如图 6-20）。然后跟步立起，双手合掌口前徐徐按下。

马 形

马形者，外刚猛而内柔和。马有疾蹄之功，疾奔时后蹄能超过前蹄。故练马形注重后腿的蹬劲，模仿马蹄前刨之势，搏击中双拳并出，气势磅礴。用于追打退却之敌，可具雷霆万钧之力。此即拳谱"起如电，快如风，追云赶月不放松"之意也。

马形歌诀为："马有垂缰疾蹄功，跳涧过步速如风，丹田抱气双拳裹，左右双冲是真情。"

马形有单马、双马两式，每一式又包括左右两式。具体招式如下。

1. 单马式

三体式起式，左足向前垫步，双手裹拳，手心朝上，右拳自左拳下前出。（图 6-21）

接着双手向心口回卷至手背朝上。（图 6-22）

图 6-21

图 6-22

右足奋力前跃，右拳拧劲击出，左拳向后拉劲，停在心口前，左足跟步不可靠前足太近，目视右拳食指关节。（图6-23）

此即右单马式。

接下来，右足向前垫步，双手裹拳手心朝上，左拳自右拳下前出。（图6-24）

图6-23   图6-24

双手向心口回卷至手背朝上。（图6-25）

左足奋力前跃，左拳拧劲击出，右拳向后拉劲，停在心口前。（图6-26）

此即左单马式。

2. 双马式

接前式，左足向前垫步，右手前伸与左手齐，双手握拳，拳心向上，向外画整圆，画到两耳下裹拳。（图6-27）

右足奋力前跃，双拳虎口相对奋力向右前方击出。（图6-28）

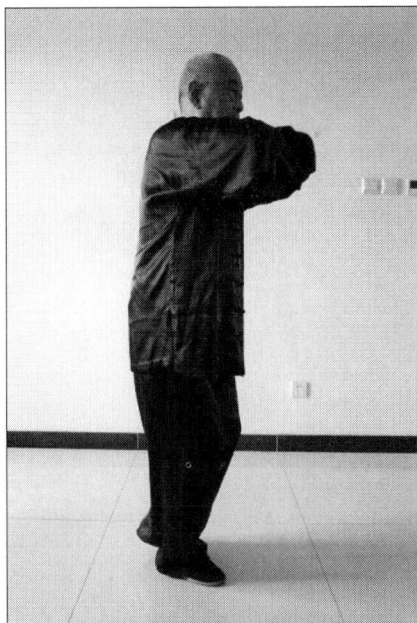

图 6-25

图 6-26

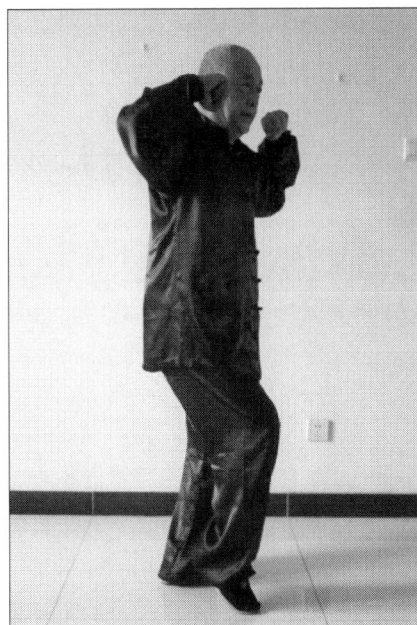

图 6-27

图 6-28

然后上右脚跟左脚，双拳从耳边画过，如图6-27，再虎口相对向左前方击出。（图6-29）

马形拳招式、步法与虎形拳相同，但拳法、劲道有别，需在练拳时详加体会。

单马式与双马式可以自由交替使用。

3. 收式

以左式停住，然后跟步立起，双手合掌口前徐徐按下。

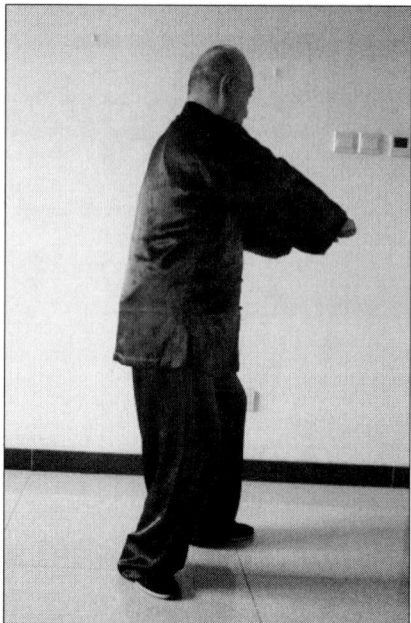

图6-29

鼍形

鼍龙，又名猪婆龙，力大而灵活，有翻江倒海之能。鼍形拳模仿其用两前肢浮水之形，练习时摇膀活跨，左右拨打而行，能消散心火，又能化积聚、消饮食。能活泼周身之筋络，又能化身体之拙气拙力。

鼍形歌诀："鼍形须知身有灵，拗步之中藏奇精，肾水上潮济心火，肝气舒泄目自明。"

鼍形拳的掌形为虎口撑圆，后三指微曲，掌心内扣，招式为一左一右拨打，动作与太极拳的云手相近，但劲道不同，又分为进步与退步两式。鼍形拳要刚柔相济，不可轻浮虚华。

鼍形拳的招式如下。

1. 左包裹式

三体式起式，将左手裹在下颔处，手心朝上，肘紧靠肋，左足回至右足踝骨前面，左手同时回收。（图6-30）

左足向左前方跨出一大步，左手从口扣掌向左画圆，右手掌心向上贴于腹前。右足提至左足胫骨处，足尖点地成虚步。（图6-31）

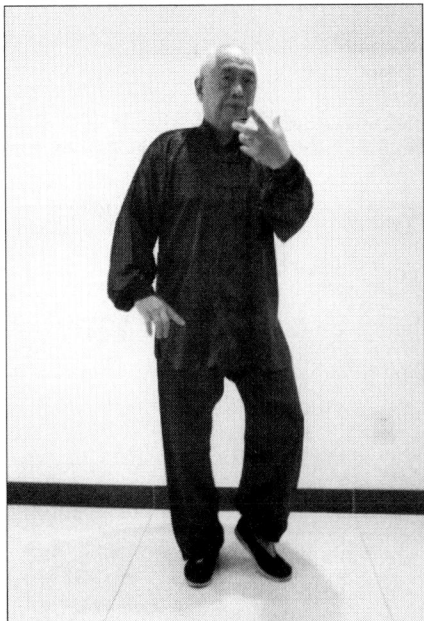

图 6-30

图 6-31

2. 右包裹式

右掌贴胸前卷至下颌处，右足向左前方跨出一大步，右手从口扣掌向右画圆，左手掌心向上贴于腹前。左足提至右足胫骨处，足尖点地成虚步。（图 6-32）

如此重复拨打前行，两手之分合，总如一气连环不断之意，两手两足不论分合，总是与腰合成一气，如万派出于一源之意也，次数随意。

前式进至场边，可随时将进步变为退步，招式要领不变，一

图 6-32

左一右退步拨打。

3. 收式

退至起式原点时，停在右手拨打之式，然后跟步立起，双手合掌口前徐徐按下。

鼍形练的是腰胯之力。既可以将发于腰胯之力通过两臂两掌发出去，左右拨打前行或后退，也可以视距离远近，直接使用胯打。

拳谱云："胯打中节并相连，阴阳相合必自然，外胯好似渔打挺，里胯藏步变势难"。可以作为练习鼍形拳的参考。

鸡形

鸡，性勇善斗，斗时皆以智取，最有灵性。口刚能啄，抖翎腾空，有单腿独立之能；爪能抓，又能蹬，颇有争斗之勇……鸡形中包含的功夫很多。

"鸡腿"是形意拳身法要诀的四象之一。四象即鸡腿、龙身、熊膀、鹰捉。形意拳之所以如此重视鸡腿的作用，是因为鸡腿有站立平稳的特性；在运动中又有提低踏远、变化敏捷的特点。双重则滞，单重则灵，鸡腿之要义在于身体重心在搏斗中在两腿之间的变化互换，以及在进退、翻转、起伏各种变化中均灵活而敏捷、迅速而稳重。在形意拳中，无论前脚虚、后脚实，还是前脚实、后脚虚，或一脚独立、另一脚提起，以及三体式重心的前三后七等，都可以称之为鸡腿，即所谓"步步不离鸡腿"。这是形意拳基本要领之一。

鸡形歌诀云："金鸡报晓独立能，抖翎发威争斗勇。独立先左后右意，食米夺米上架行。"歌诀又云："金鸡争斗最为勇，随高随低打发灵，提踏有力伸缩妙，虚实灵通变无穷。"

鸡形的招式如下。

1. 金鸡独立（踏步）

三体式起式，左脚上前半步，将落未落时，右足即蹬劲，提起足跟，

足尖虚点，靠在左足胫骨处（独立）；右手自左手下穿出，挫腕，左手拉回胯侧；两眼看右手大指根及食指梢间。（图6-33）

右足前跨，将落未落时，左足即蹬劲，提起足跟，足尖虚点，靠在右足胫骨处；同时左掌从右手下发力前击，挫掌；右手自左手上面回抽，拇指根靠紧腹侧；两眼看左手大指根及食指梢间。（图6-34）

图6-33　　　　　　　　　　　图6-34

两手具是掌。注意：两足之起落与两手之收发要同时完成，动作要齐一，如鸡之双足分别独立，踏步前行。

2. 金鸡食米

接金鸡独立，右手卷拳，随左足前落而击出如崩拳，左手扣于右腕上，即为金鸡食米。（图6-35）

3. 金鸡抖翎

将两拳抱在胸前，离胸前二三寸许，拳心向里，左拳在里，右拳在外。（图6-36）

图 6-35

图 6-36

图 6-37

然后右足回撤成斜骑马蹲裆式，右拳提拉至额头处外翻，如炮拳之翻手，左拳下拉至左胯，拳心向后；身随右臂扭至心口与右膝相对，两足扭成顺式；两眼随着右手看食指根节，两肩齐向外开劲。（图 6-37）

4. 金鸡上架

左足盖步至右足前（转后为前），两拳变掌。（图 6-38）

右手在内，朝下插向左肋，左手在外，朝上插向右肩，两臂交叉穿出如绳捆；右足足跟提起，右膝紧靠住左足踝骨。（图 6-39）

图 6-38

图 6-39

两手相穿、相抱与两足起落的动作要整齐如一。是为金鸡上架。

5. 金鸡报晓

右手从左下如同画一圆形极力往上挑去，高与头顶齐；两眼看右手食指梢节；左手拉至胯侧，如同鸡昂首打鸣状。（图 6-40）此即金鸡报晓。

6. 鸡形劈掌（换势）

接前式，再把重心撤回左足，双掌变拳回抱丹田，右足虚点，然后右足前进，右拳上钻，左拳

图 6-40

自右臂内钻出，左足虚点于右足内侧。（图6-41）

接着，左拳再随左足前跨劈出。（图6-42）

图6-41　　　　　　　　　　　　图6-42

回到开始的左右金鸡独立式（即前图6-34），招式循环，次数随意。

7. 收式

还原起点处，以左劈掌停住，收足起立，双掌合于口前，徐徐按下。

鹞形

鹞能束身而起，又能藏身而落。其天性外刚内柔，灵巧雄勇。鹞形拳能收先天之气藏于丹田之中。其拳式意在通过模仿鹞子的束身而起、藏身而落，把握其灵巧雄勇的身法、技能。

鹞形歌诀："鹞有束身入林能，又有翻身钻天功。先从束身后入林，钻天翻身前后同。"

鹞形的招式如下。

1. 鹞子束身

三体式起式，两手握拳，右足前跨；左足跟进，足尖虚点，紧靠右胫骨；右拳向前下击，左拳垫在右腕下。（图6-43）

此即鹞子束身。

2. 鹞子入林

左足前进，右拳翻腕至额前，左拳击出如炮拳。（图6-44）此即鹞子入林，又叫顺手炮。

3. 鹞子钻天

左脚垫步，右拳下落内裹；右足前进，右拳自左腕内钻出，如鹞子一飞钻天；左手捋至右肘下，如捕罗落下，却已经迟了一步。（图6-45）此即鹞子钻天。类似钻

图 6-43

图 6-44

图 6-45

拳，但高过钻拳。

4. 鹞子翻身

右足回勾足尖，转体回身，右拳自头上盖下，左拳从右腕内上钻。
（图6-46）

右拳落至左肘下再贴左臂拉起，翻腕向后上画半圆至额前；左手则
贴肋顺胯向左足滑下。（图6-47）

图6-46　　　　　　　　　　　　图6-47

右拳向下画圆至胯侧后方，复拧身向前；左手变前掌，与后拳相对，
如托平枪式。（图6-48）

此即鹞子翻身。

5. 回式

右足向前跨过左足；左足跟提起，足尖虚点，紧靠右胫骨；右拳向
前下击，左拳垫在右腕下。即还原为起手的鹞子束身式。（图6-49）

以上可重复演练。

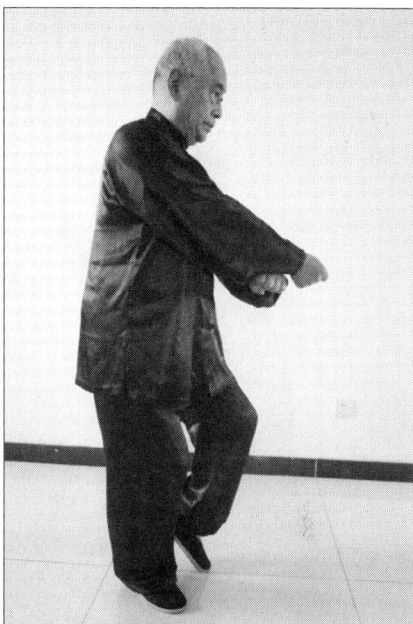

图 6-48　　　　　　　　　　　　　图 6-49

6. 收势

还原起点处，以鹞子翻身托平枪式停住，收足起立，双掌合于口前，徐徐按下。

燕形

燕，鸟之最灵巧者，有抄水之能，沾水而起，轻捷之极。又有钻天之能，飞腾高翔，动转无声。燕形拳能生轻妙之灵，利肝肺，舒展筋络。

燕形歌诀云："燕子抄水最轻灵，心火下降肾水升，天阳地阴补血气，一艺求精百倍精。"

燕形招式如下。

1. 燕子抄水

三体式起式，右手从左掌下向前钻出。（图 6-50）

右手向上然后向后画圆至额前，身随右掌侧转后拉；左掌向下画出，

掌心向下；两手右高左低如展翅。（图 6-51）

图 6-50

图 6-51

图 6-52

再拧身向前，势子要尽量压低；右手随身下抄至左手前。（图6-52）

左足上步，右掌再向上举起，左腿提膝抬起，左掌立于右肘下。（图6-53）

左足擦步向前；左手变拳随之向前直伸，拳心向上停于左膝前；右拳下至右胯侧；眼看左拳。（图6-54）

这一套动作即燕子抄水。

2. 燕子衔泥

伏身而进，提右脚进至左足

图6-53

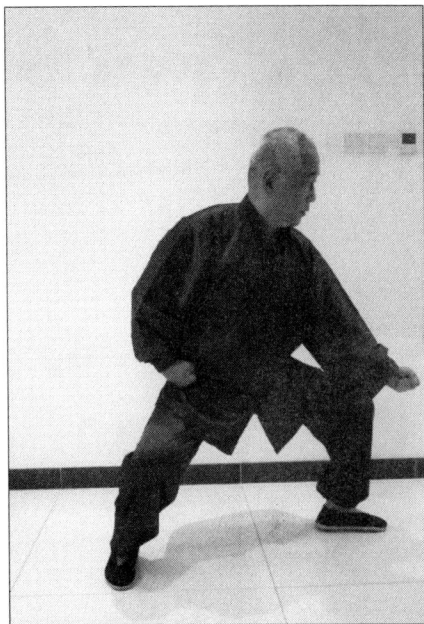

图6-54

前，右掌自下向前捞至与裆平，落右足时提左足为虚点，左手搭于右腕，眼看右手。（图6-55）

此招为"抓裆打肾"的绝命招式，不可轻用，如抓肾失利头部必遭攻击，所以下一招燕子双展翅即有封架、拨拦之意。拳谱"上打咽喉下打阴，脑后一招要真魂"即此之谓也。

3. 燕子双展翅

左脚前进一步，右脚跟进踏实；同时双拳举起，向前右后画圆弧分开；眼看左拳。（图6-56）此即燕子双展翅。

图6-55

4. 金鸡食米

再进左脚，右拳平直击出，左掌抚于右臂内侧，成拗步崩拳。（图6-57）

图6-56

图6-57

图6-58

是为金鸡食米。

燕形劈拳式：上左脚，左掌随之向前劈出。（图6-58）

5. 回式

左脚扣步，转身向后，再上右足，双拳上钻。（图6-59）

然后打一左劈掌。（图6-60）

以下再接第一招燕子抄水，仍如前循环不已。多寡随意。

6. 收式

与回式相同，停到左劈掌，撤步站立回无极式，双掌合于口前，徐徐按下。

图 6-59

图 6-60

蛇形

图 6-61

蛇能屈能伸、能绕能盘，无孔不入，是身体最玲珑活泼的动物。因灵活自如，蛇形拳既活动腰中之力，亦开心窍。

蛇形歌诀："从来顺理自成章，拨草而行柔中刚，怀抱阴阳通督脉，化去拙力透真阳。"

蛇形招式为左右两式，每式都包含怀抱阴阳与白蛇抖身（或为白蛇吐信）两招。具体招式如下。

1. 右式

三体式起式，右脚回撤，腰向右转，左掌回拉至右腹侧，右掌摆向身后。（图 6-61）

左足上步，左掌向前画圆。（图 6-62）

左足撇足尖，拧身，左掌向下、右掌向上画整圆，眼随左掌。（图 6-63）

图 6-62   图 6-63

右掌在内向左肋下插下，左掌在外向上插至左肩前，右足虚点。（图 6-64）

此即怀抱阴阳。

然后右脚向右前方大步跨出，左脚跟进踏实；右掌随之立掌前劙，高与裆齐；左掌回收腹侧；眼看右掌。（图 6-65）

此即白蛇抖身。

2. 左式

接前式，左脚回撤，腰向左转，右掌回拉至左腹侧，左掌摆向身后。（图 6-66）

右掌上托后向前画圆，右足上步。（图 6-67）

图 6-64

图 6-65

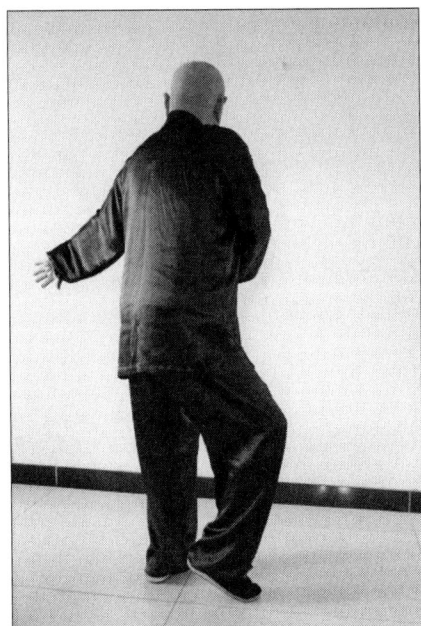

图 6-66

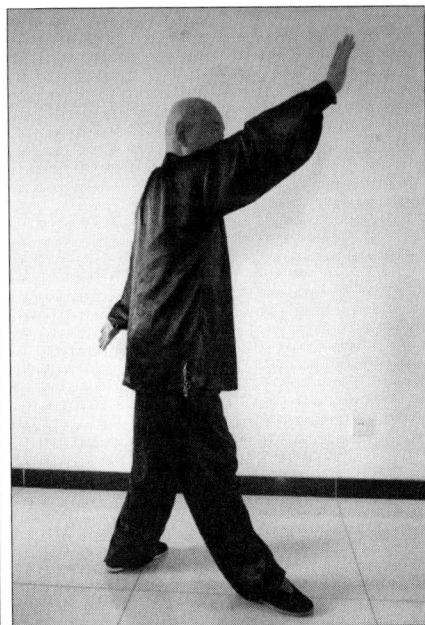

图 6-67

图 6-68

身体右拧，右掌向下、左掌向上画整圆。（图 6-68）

左掌在内向右肋下插下，右掌在外向上插至左肩前，左足虚点，眼看右掌。（图 6-69）

左脚向左前方大步跨出，右脚跟进踏实，左掌随之仰掌上穿（白蛇吐信），右掌回收至腹侧，眼看左手。（图 6-70）

左右两式方向相反，招式相同。重复次数随意。

蛇形要点如下。

怀抱阴阳要两肩内扣，垂肩，提肛，挺腰，身子下缩，如准备

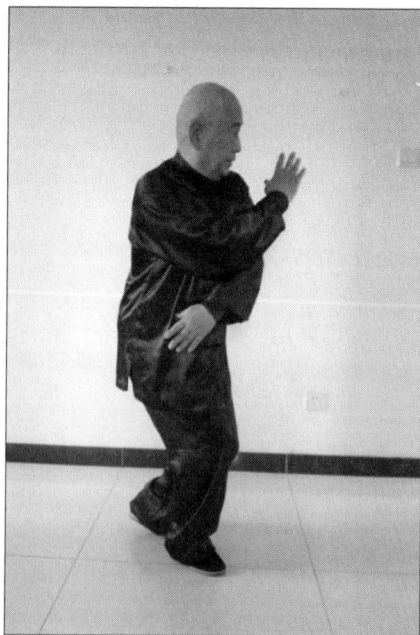

图 6-69

图 6-70

从小孔钻过。

白蛇抖身有三种用法：立掌前劐是劐对方的裆部；上挑即以肩背发力击敌，取形意拳"打人如走路"之意；还可以仰掌上穿，变为白蛇吐信，用于锁喉或取眼。三种用法可于重复招式时轮流使用。

鸱形

鸱是个借用字。其实是指短尾鹰，学名兔鹘，俗称秃尾巴鹰，过去猎户常养来抓兔。因为一般字典没有这个专用字，许多拳谱干脆用一个"鸟"字再加一个"台"字，称之为"鸱"形。兔鹘经常在高枝上倒竖起尾巴俯视，见到猎物即冲下捕捉。其搏兔之式为两翅一裹，再两腿一蹲，谓之"臀打"，即所谓"束尾之能"。拳经云："鸱艺求精百信通，全凭收尾内彻灵，饶他兔走几处远，起落二字性命倾。"这是对鸱形的生动解说。

鸱形以两臂上分后下来模仿鸱束尾之能，借肋腹臀尾发力。拳经云："肋腹打去意沾阴，好似还弓一力精，丹田久练灵根本，五行僵一显奇能。"练此腹打之技，更能体会形意拳周身上下皆可发力打人的技法特点。

鸱形歌诀："鸱性最直能竖尾，上架下落用拳行。展翅之中有挽式，虚心实腹真道成。"

鸱形招法分左右二式。

1. 右式

三体式起式，右脚向前一步；双手握拳，拳心向上，收于腹侧；左脚虚点。（图6-71）

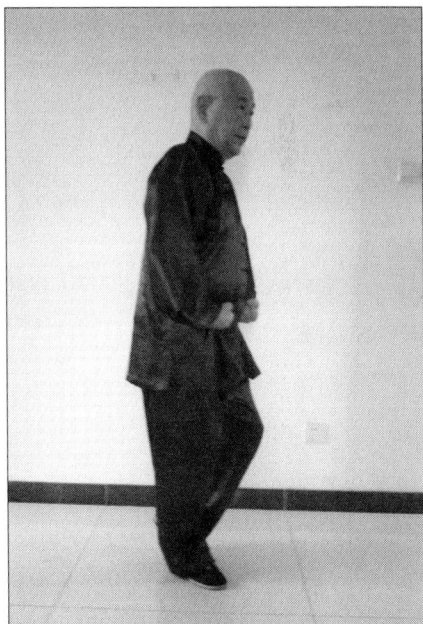

图6-71

左脚扣步向前；腰转向右前方；两手握拳上钻至与眉齐时左右抡开，拳心向下。（图6-72）

右足向右前方跨出，左足跟步；两拳用力内裹，拳心向上，相距三寸，随右足之势前击。（图6-73）

图6-72　　　　　　　　　　　　　图6-73

注意：两腿要用臀尾发力（束尾），上身不可前够。

2. 左式

右脚扣步向前；腰转向左前方；两手握拳上钻至与眉齐时左右抡开，拳心向下。（图6-74）

左足向左前方跨出，右足跟步；两拳用力内裹，拳心向上，相距三寸，随左足之势前击。（图6-75）

以上两式交替重复，次数不限。

拳诀"尾打落意不见形，猛虎坐卧藏洞中，背尾全凭精灵气，起落二字自分明"讲的就是此形的要领。

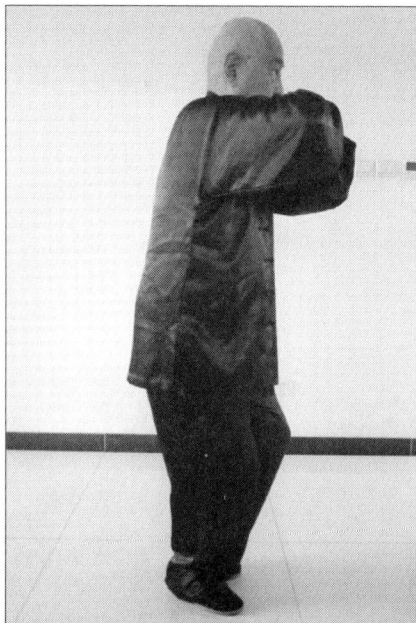

图 6-74   图 6-75

把以上几个歌诀联系起来，反复看，反复想，才能深入把握臀打与腹打（尾打）的运用之妙。

鹰形

鹰性最狠最烈，目力极强，能于远处视微物。鹰形外阳而内阴，能起肾中之阳气升于脑，还精于脑，而使眼睛明亮。练此形，能复纯阳之气。

鹰形歌诀："鹰张烈狠捕捉能，上似劈拳下挗功，左右行之可进退，钻翻采挗是真情。"

拳谱云："鹰捉需四平。"四平即不可前俯、后仰、左歪、右斜。鹰捉四平的最大特点即猛力沉身，如足下踩死毒虫，谓之"足下存身"。

鹰形的掌法：拇指撑开，各指分开似鹰爪。其招式如下。

1. 右鹰捉式

三体式起式，左脚回撤虚点；左掌回拉至腹后，握拳上钻，右手握

拳贴左臂内侧钻出左拳之上。（图6-76）

　　接着左足向左前方跨一大步；两手变鹰爪捉下，右爪在前，压腕扣指，左爪回至腹侧；眼看右爪前方。（图6-77）

图6-76　　　　　　　　　　　　　　图6-77

　　2. 左鹰捉式

　　左足再向前垫步，右足跟步虚点；右爪拉回变拳上钻，左爪握拳贴右臂内侧钻出右拳之上。（图6-78）

　　右足向右前方跨一大步；两手变鹰爪捉下，左爪在前，压腕扣指，右爪回至腹侧；眼看左爪前方。（图6-79）

　　3. 回式

　　前脚扣脚尖盖步，转身向后；后脚变前脚，虚点；两拳上钻后随前脚跨出而捋下如前式。

　　4. 收式

　　停在右式，然后左足回撤成无极式，双掌合于口前，徐徐按下。

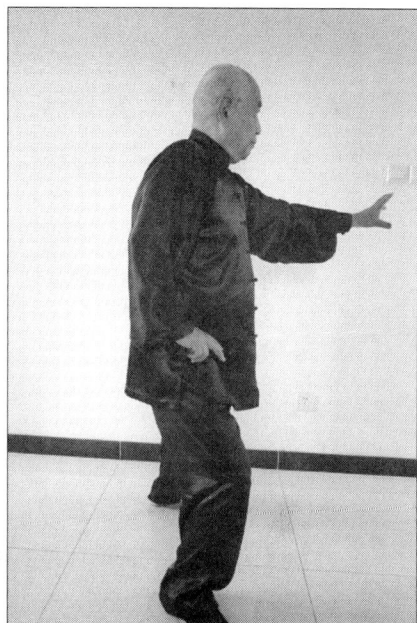

图 6-78　　　　　　　　　　　　　　图 6-79

鹰捉也被称为形意拳的母拳。一个鹰捉，里面包含了筋力、梢节领劲、整体合劲、钻翻、撕扑、攻防等种种要领。所以鹰形拳虽然只有左、右鹰捉两式，却有着十分丰富的内涵。

熊形

熊性最迟钝，形最威严，有竖项之力。熊形外阴而内阳，能接阳气还于丹田，与鹰形合练，谓之阴阳相摩。

熊形歌诀："熊态沉稳威力猛，外阴内阳升降中，裹翻之中有横拳，左右斜行起落从。"

熊形招式如下。

1. 熊出洞

三体式起式，双手握成拳。（图 6-80）

左足前跨；右拳拳心向上，从左腕之上钻出，左拳向下拉回；右膝内扣，右足跟提起；头向前顶；眼看右拳。（图 6-81）

是为熊出洞。

图 6-80

图 6-81

此式要点是顶，包括头顶、舌顶、手顶。头顶而气冲冠，舌顶而吼狮吞象，手顶而力能推山。熊有竖项之能，所以项要竖，头要顶，右拳也要顶，打出沉雄之力，前腿弓，后退要合胯、扣膝、提足。

2. 熊撞肘

接前式，左拳顺右臂外侧上拉过头，翻腕，虎口朝下压；右拳回扣，肘向前抬起；右足收至左踝侧。（图 6-82）

接着右足向右前方跨步，右肘随之撞出，左拳变掌贴住右拳。（图6-83）

是为熊撞肘。

熊出洞是钻打，熊撞肘是肘打。歌诀云："肘打去口占胸膛，起手好似虎扑羊，或往里拨一旁走，后手只在肋下藏。"肘打是将全身之力通过肘尖发出去，力道沉雄无比，但必须做到全身合一方能奏功。

图 6-82　　　　　　　　　　　　　　图 6-83

这两式在演练时要连贯而发，左脚右拳出洞接右脚右臂撞肘，再转右脚左拳出洞，接左脚左臂撞肘，反复循环，次数随意。换式时盖步转身出洞，再接撞肘即可。

3. 收式

停在左撞肘，然后收步回无极式，双掌合于口前，徐徐按下。

鹰熊合练

熊合练，即是将一招熊出洞与一招鹰捉结合起来，一左一右交替演练。

鹰熊合练歌诀为："鹰熊合演拳掌变，起鹰落熊走两边，钻时提足领含意，落时劲贯毫发间。"

形意拳的五行、十二形都是单练，唯独最后鹰、熊二形却是合练，这是什么原因？前面说过，形意拳是由心意拳而来。相传心意拳的起源就是南宋抗金英雄岳飞无意中看到了鹰和熊相斗，有所感悟，而将之演变为拳法。

鹰刚烈凶狠，迅疾绝伦；熊虽然迟钝，却两膀力大无穷，抖擞之时，身体一蹭、两膀一晃，撼山动岳。两者的能力恰好可以互补。鹰形外阳而内阴，能起肾中之阳气升于脑，还精于脑；熊形外阴而内阳，能接阳气还于丹田。熊形与鹰形合练，谓之阴阳相摩，相得益彰。鹰捉为形意的母拳，熊劲则是形意劲力的基础，鹰捉拥有了熊膀，如虎添翼，威力倍增！

鹰熊合练的具体招式如下。

1. 右手熊出洞

三体式起式，双手握拳，左足前垫半步，右拳拳心向上从左腕之上钻出，左拳下画至右肘，右膝内扣，右足跟提起，头向前顶，眼看右拳。是为熊出洞。（图6-84，图6-85）

图6-84   图6-85

2. 右手鹰捉

右足跟半步，踏实，左足虚点；左拳贴右臂外侧上钻。（图 6-86）

左足再向左前方跨一大步；两手鹰捉击下，右爪在前，压腕扣指，左爪回至腹侧；眼看右爪前方。（图 6-87）

图 6-86

图 6-87

3. 左手熊出洞

双手握拳，右足向左前方前进一步，左拳拳心向上从右腕之上钻出，右掌向下按至左肘，左膝内扣，左足跟提起，头向前顶，眼看左拳。（图 6-88）

4. 左手鹰捉

左足跟半步，踏实，右足虚点；右拳贴左臂外侧上钻。（图 6-89）

右足向右前方跨一大步；两手鹰捉击下，左爪在前，压腕扣指，右爪回至腹侧；眼看左爪前方。（图 6-90）

以上招式重复循环。

图 6-88

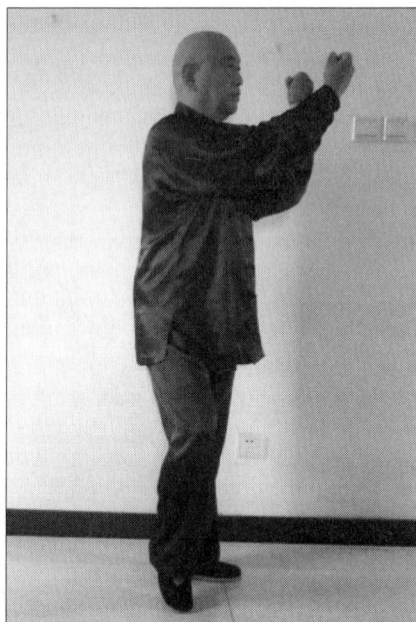

图 6-89

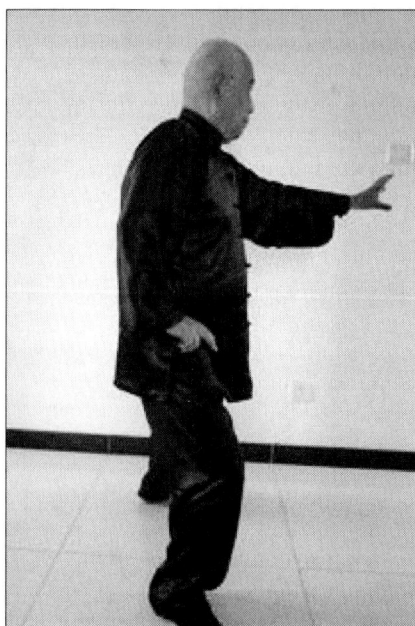

图 6-90

回式、收式均与鹰形相同。

形意拳以道家哲学为理论基础。从含着鹰熊钻劈之意的劈拳开式，到十二形最后的鹰熊合练结尾，说明形意拳的研习是一个"由简至繁繁又简"的过程，体现了道家哲学"大道至简"的理念。

形意拳杂式捶

　　杂式捶是形意拳的典型传统套路，是提取五行拳与十二形的精粹技法组合而成，其拳内外相合，形神相通，攻守兼施，长短互用，虚实分明，刚柔间寓，转折起伏，纵横交错，娴熟精巧，身法轻灵，左右逢源。杂式捶，不仅把形意拳的五行拳和十二形拳统一组合，并加入一些新招式，形成的加长套路。也可以说是形意拳所有招式的集大成者。它适用于形意拳已有相当基础的人进一步提高，有升华形意拳技的意义。

　　杂式捶是传统形意拳的杂式联合演习，洁内华外，洋洋大观，上下四方，无所不有，活动量大而灵敏，姿势变换，圆活连贯。是形意拳传统套路中内容较多，往返趟数较长的一个拳套。

　　演练杂式捶，要使四体百骸内外之劲如一，纯粹不杂。内中之气伸缩往来，循环不穷，充斥周天。拳中之内劲不见不闻，洁内华外，洋洋大观，上下四

方，无所不有。直至达到"拳无
拳，意无意，无意之中是真意"
的境界。

　　杂式捶招势如下。

第一式　鹞子束身

　　三体式起式，两手握拳，右
足前跨，左足跟进提起足尖紧靠
右胫骨，右拳向前下击，左拳垫
在右腕下。（图7-1）

第二式　鹞子入林

　　左足前进，右拳翻腕至额前，
左拳击出如炮拳。（图7-2）此即鹞子入林，又叫顺手炮。

图 7-1

第三式　退步劈掌（猫洗脸）

　　向身后退，左步成三体式步，
同时右拳变掌，掌心向内自右向
左画过（掩肘），然后下搂。左拳
拉回左腹侧，双目前视。（图7-3）
此为猫洗脸1。

　　随之退右步，左拳变掌，掩
肘，下搂，双目前视。（图7-4）
此为猫洗脸2。

　　再退左步，打猫洗脸3。（图
7-3）

　　再退右步，打猫洗脸4。（图
7-4）

图 7-2

图 7-3　　　　　　　　　　　　　　图 7-4

　　要点：掩肘时要以腰为轴拧身，力在小臂；下搂时要气沉丹田，沉肩坠肘，意在小指，有下抓之力，有下沉之势。四个猫洗脸要连贯，要"唰—唰—唰—唰"连洗四次，不可间断。

第四式　乌龙倒取水

　　将右手从肋往下往后，如同画一圆形，从头上画过后盖下。（图7-5）

　　左手同时从左肋处，经右手内侧往上钻，至正额处平着，离正额二三寸。右手顺着身子落下，手心向上靠住脐处，身子面向正停住。（图7-6）

第五式　凤凰单展翅

　　左拳盖下，右拳顺左臂内侧上钻至额外翻撑住（图7-7），左足极力往后撤，至右足后边落下，右拳回至小腹与左腕交叉。（图7-8）

图 7-5

图 7-6

图 7-7

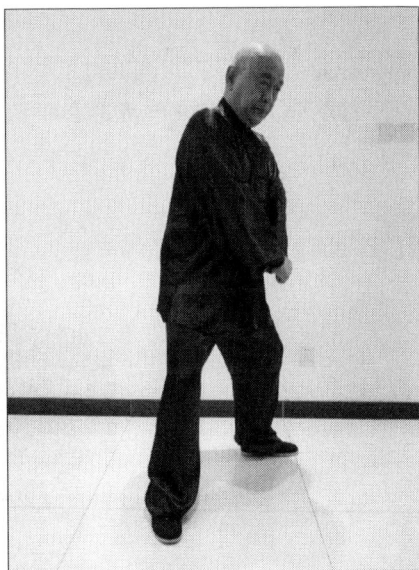

图 7-8

再一起上钻变掌向外画圆。（图 7-9）

右拳内裹向下砸至腹前的左掌内。（图 7-10）

图 7-9　　　　　　　　　　　　　　图 7-10

第六式　进步左崩拳

右足极力向前进一步，左手随之打出一记崩拳，左足亦随后跟步。
（图 7-11）

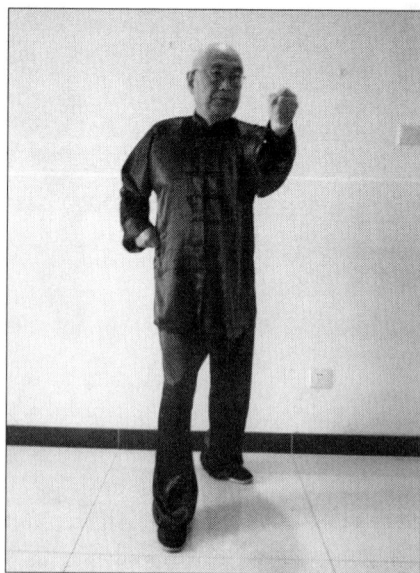

图 7-11

第七式　顺步右崩拳

紧接着右足再极力向前进一步，右手再随之打出一记崩拳。（图7-12）

第八式　白鹤亮翅

左足后撤半步，成骑马蹲裆式，右拳随左足回拉，顺左肘外侧回画至腹部，两臂交叉后向外撑起如弓背状（图7-13）；然后重心先移向左足，双拳交叉自胸向头上钻出（图7-14）再向外画

图7-12

圆，分开撑住，成反弓背状（图7-15），重心移至右脚再回左脚，右脚虚拉回再踏实，两拳同时向下画圆裹至腹部（图7-16）。

图7-13

图7-14

图 7-15

图 7-16

第九式　左炮拳

右拳自腹上钻至右眉骨处，左手握拳心口前，右脚向右前方跨一大步，右拳外翻上架，左手炮拳击出。（图 7-17）

图 7-17

第十式　凤凰双展翅

右手回拉至左腕下，变双掌交叉（图 7-18），左足大步后撤，双掌向上分开画圆（图 7-19），再合拳于腹，右脚随之拉回左足侧，震地踏实（图 7-20）。

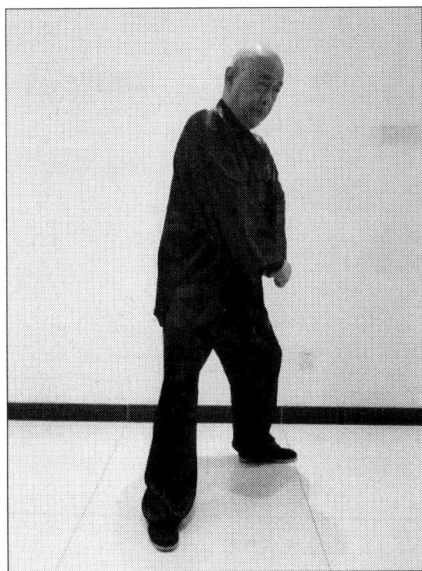

图 7-18

图 7-19

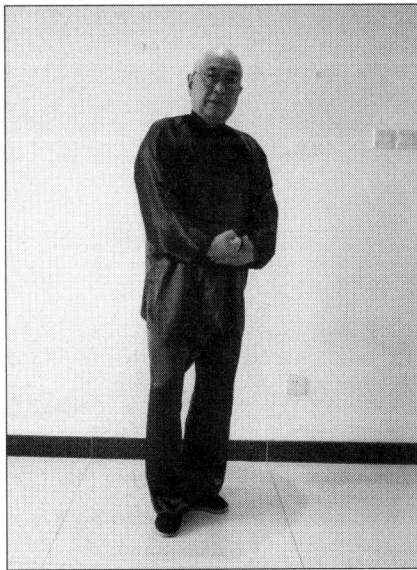

图 7-20

图 7-21

第十一式　鹞子入林

同第二式。

第十二式　退步劈掌（猫洗脸）

同第三式。

第十三式　乌龙倒取水

同第四式。

第十四式　燕子抄水

右手从左掌下前出（图 7-21），向上再向后画圆至额前，身随右掌侧转后拉，左掌向下画出，掌心向下，两手右高左低如展翅（图 7-22）。再拧身向前，势子要尽量压低，右手随身下抄至左手前（图 7-23），再向上举起，左腿提膝抬起，

图 7-22

图 7-23

左掌立于右肘下（图7-24），左手握拳拧至拳心向上，右拳下至右胯侧，眼看左拳（图7-25）。

图7-24

图7-25

第十五式　燕子展翅

右足上步，两拳上冲至额前，左前右后分开，眼看左拳。（图7-26）

第十六式　进步右崩拳

接前式，左足前进，右拳向前击出，左拳回勾于左肋侧。（图7-27）

图7-26

图 7-27

第十七式　退步左崩拳

左足回撤足尖点地，两腿成剪子股式，左拳击出，右拳回勾至肋侧。
（图 7-28）

图 7-28

第十八式　顺步崩拳

左足前踏，左足跟步，两腿成骑马蹲裆式，右拳顺势向右足方向击出，左拳回勾左肋侧。（图7-29）

第十九式　白鹤亮翅

同第八式。

第二十式　左炮拳

同第九式。

图 7-29

第二十一式　凤凰双展翅

同第十式。

第二十二式　鹞子入林

同第二式。

第二十三式　退步劈掌（猫洗脸）

同第三式。

第二十四式　乌龙倒取水

同第四式。

第二十五式　金鸡食米

右掌顺左臂外侧拉起向后画圆，左手立掌前出，左足前进一步，右掌变崩拳前出，左掌搭于右腕之上，右足跟步虚点。（图7-30）

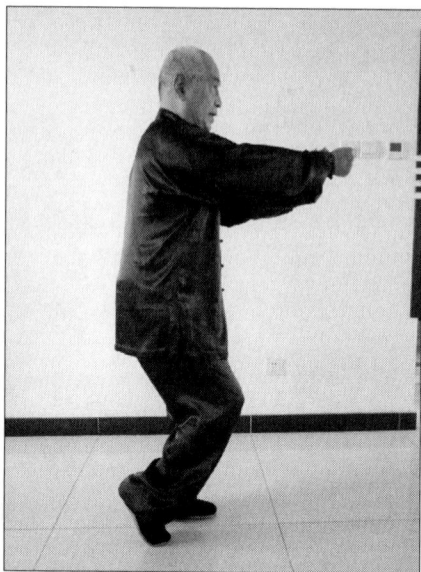

图 7-30

第二十六式　进步鹰捉

右足落实左足虚点，双手回拉至腹再左外右内上钻（图 7-31），左足向左前方跨一大步，双掌鹰捉击下（图 7-32）。

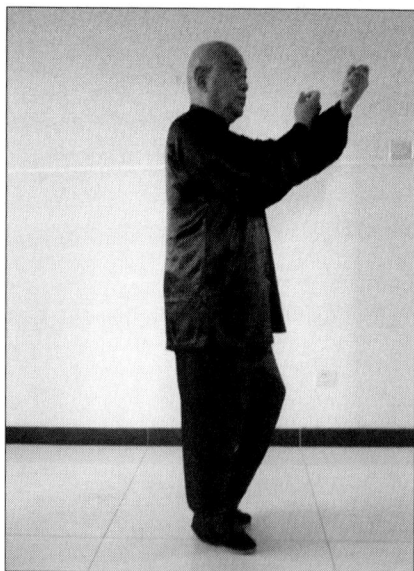

图 7-31

图 7-32

第二十七式　推窗望月

右脚向后垫半步，双掌向上再向后环掌画圆（图7-33），左脚随右脚虚拉后再向左前方上步，左掌撑臂上撩，右掌向左前方推出（图7-34）。

图7-33

图7-34

此式与太极拳的推窗望月架势相同，但由于前面的环掌加大了动作的幅度，后面的架撩、推掌以腰胯为轴发力，力道刚猛，有别于太极拳的柔和。

第二十八式　三盘落地

左掌随左足回撤而回画，右肩与左臂交叉胸前，左足虚点于右胫骨侧，缩身（图7-35）。左足再向前跨出成弓箭步，双掌向两侧分开，撑圆（图7-36）。

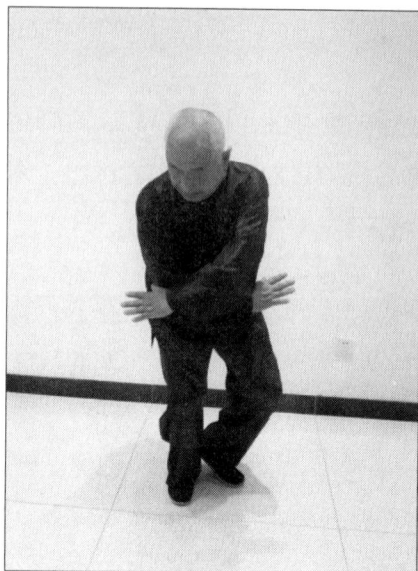

图 7-35

图 7-36

第二十九式　懒龙卧道

右手转掌成拳，右足横脚尖向前踏过左脚，两腿交叉成塌步，右拳下击出于左腕之上，拳心向上。（图 7-37）

图 7-37

第三十式　横江翻浪

左脚前进一步，左拳外翻向前拨打而出，右拳内扣回拉至肋侧，也就是打一记顺步横拳。（图7-38）

第三十一式　进步右崩拳

同第十六式。

第三十二式　龙虎相交

左脚再前垫半步，左拳向前直击如崩拳，同时右脚尖外撇向前直踢，高与腰齐，右拳内拧回拉至肋侧。（图7-39）

图7-38

第三十三式　顺步右崩拳

同第七式。

第三十四式　白鹤亮翅

同第八式。

第三十五式　左炮拳

同第九式。

第三十六式　凤凰双展翅

同第十式。

图7-39

第三十七式　鹞子入林

同第二式。

第三十八式　退步劈掌（猫洗脸）

同第三式。

第三十九式　乌龙倒取水

同第四式。

第四十式　凤凰单展翅

同第五式。

第四十一式　进步左崩拳

同第六式。

第四十二式　顺步崩拳

同第十八式。

第四十三式　风摆荷叶

左脚斜着撤半步，双拳变掌随之向左摆（图7-40），右足大步跨过左足（向后去），双掌同时向身后画圆，左掌靠在右肩，右掌撑直与肩平（图7-41）。紧接着左脚再斜着撤半步，重复以上动作一次，也可以说是连续打两个风摆荷叶。

要点：一连两个向身后的弧线劈掌，仿佛荷叶在摇摆，故名"风摆荷叶"。以上动作要连贯协调，一气呵成，要气沉丹田，力在小指外沿。

图 7-40

图 7-41

第四十四式　进步左崩拳

上左步出左崩拳。（图 7-42）此式又叫仙人指路。

图 7-42

图 7-43

第四十五式　鹞子钻天

左脚前跨，左掌前出，右步再前进，右拳上钻，左掌按至右肘下。（图 7-43）

第四十六式　鹞子翻身

右足回勾足尖，转体回身，右拳自头上盖下，左拳从右腕内上钻（图 7-44），右拳落至左肘下再贴左臂拉起，翻腕向后上画半圆至额前，左手则贴肋顺胯向左足滑下（图 7-45），右拳向下画圆至胯侧后复拧身向前，左手变前掌与后拳相对，如托平枪式（图 7-46）。

图 7-44

图 7-45

第四十七式　鹞子束身

同第一式。

第四十八式　鹞子入林

同第二式。

第四十九式　收式

跟步立定，双掌按下，回无极式。

杂式捶是在五行拳、十二形练好的基础上练习的套路。所以，练习杂式捶时一定要做到内外三

图7-46

合，即达到"六合"，内外合一，要打出形意拳的风格和特色。练习杂式捶时要打"整劲"，不是一味地打刚劲而去追求火爆，也不是一味地打柔劲，表示自己的高深，而应该是刚中有柔，柔中有刚，要刚有刚，要柔有柔，在刚柔相济中去追求明劲、暗劲和化劲。

杂式捶中有十二形的动作，所以必须做到像其形取其意，形神合一。当练燕形动作时必须体现出"抄水之能"，练习鹞形动作时必须体现出"入林之巧"，练习虎形动作时必须体现出"扑食之勇"。

杂式捶是技击套路，每个动作都具攻防技能。所以练习杂式捶时仿佛眼前有个敌人，在互为攻防进行搏斗，所以不能有丝毫懈怠。要精神专注，要把每个动作的技击内涵打出来。当刚则刚，当柔则柔，当快则快，当慢则慢，当高则高，当低则低，当轻则轻，当重则重，当巧则巧，当灵则灵，当连环则连环，当停顿则停顿。要有节奏，要讲身法，要"身似游龙，拳打烈炮""气随心意随时用，硬打硬进无遮拦"。起势时要精神贯注，如临大敌。练"鹞子入林"时要侧身而入，仿佛鹞子束翅，闪身入林，十分快速灵巧。练"三崩一炮"要连续打出，仿佛用崩拳追

打敌人，一崩比一崩快，突然向敌胸打出炮拳即"入林"了，把敌人打得仰面朝天。"猫洗脸"中的掩肘、下搂之手都要有力，是砍向敌人之面；下搂就像要把敌人之臂抓下来，当然也可一洗比一洗快，仿佛敌人进攻十分凶猛，我不得不迅速退步掩护，但手臂中仍要含有内劲，在防守中随时反击敌人。练习"燕子啄泥""燕子抄水"时一定要像其形取其意，把"抄水之精"练出来，要轻快要敏捷。练习"风摆荷叶"时身要正，腰要拧，步要灵，双手后摆要形象，仿佛荷叶随风而摆动似的，身法舒展而飘逸。其他如"白鹤亮翅"等动作可参考"五行连环拳"的练法。

五行生克拳

五行生克拳，是根据五行相生相克的原理设计的对打合练套路。由甲乙二人，合演对舞。甲为上手，乙为下手。

五行生克拳歌诀："劈能克崩崩克横，横能克钻钻克炮。炮能克劈归易理，不外五行求奥妙。"

具体招式如下。

（1）甲（上手）乙（下手）相距四步，相对而立，同时三体式起式，起式后要达到前手相交的距离。（图8-1）

图8-1

（2）乙进步右崩拳，甲退右步左劈掌（图8-2）；乙再进步左崩拳，甲退左步左手上钻后反压乙左拳，右劈掌打其左肩（图8-3）。其含义是：以劈拳破崩拳，谓之金克木。

图8-2

图8-3

（3）乙左拳向上翻，打右手炮拳（图8-4），其含义是：崩拳属木，炮拳属火，木能生火，崩拳能生炮拳；炮拳属火，火克金，所以炮拳能破劈拳。甲右手钻拳应（图8-5），其含义是：劈拳属金，钻拳属水，金

图8-4

图8-5

生水，劈拳能变钻拳；水克火，所以钻拳能破炮拳。

（4）乙把右掌抽回，左手变横拳打出（图8-6），其含义是：炮属火，横属土，火生土，所以炮拳能变横拳；土克水，所以横拳能破钻拳。

甲把右手抽回，左手以崩拳打出，其含义是：钻拳属水，崩拳属木，水生木，所以钻拳能变崩拳；木克土，所以崩拳能破横拳。乙退步劈掌，与甲第一势相同（图8-7）。此势亦劈拳破崩拳，谓之金克木也。

图8-6　　　　　　　　　　　　　　　　　图8-7

以上招式来往循环，就是形意拳的一气之伸缩往来之理。必须勤加练习，深入领会五行相生相克的道理，才能全面加深对形意拳的理解，把握它的应用之道。

安身炮

形意拳安身炮是流传较广的对练套路，也称"换身炮"或"挨身炮"。充分体现了形意拳"起如风，落如箭，打倒还嫌慢""束身而起，长身而落"的特点。后足一蹬，前足直取，将浑身抖擞之力，全注于钻翻之手。

安身炮是散打的基础训练,是形意拳的拳理拳法与实战应用之间的连接纽带。所以名之为安身炮,就是指学会它无论走到哪里都够凭此安身立足之意。如天地之化育,万物各得其所,体现了"拳无拳,意无意,无意之中是真意"的形意拳之道。

安身炮既是二人对练,招式便有上下手之分。共分 22 式。严守形意拳宗旨,在应敌时要求以意催力,发挥人体最大的潜能,在触敌的一瞬间发劲。这就要求在上步、进步、拗步及退步时,如影随形地缠住对手,这样才能"拳打不够"。接招出招时,要揣摩其中劲力、快慢、刚柔、距离的变化。安身炮不仅有"硬打硬进无遮拦"的强取快攻的打法,也有"滚转粘裹、刚柔相济、避实击虚"的巧打,还有"顾即是打、打即是顾"的高级技法。劈拳就体现出了形意拳以小胜大的击法。

"安身炮"是一种实战性极强的对练套路,每一招都是"必杀技",所以在演练时每一式都应交代清楚,不能马虎。有高有低、有刚有柔、有进有退、动静分明、节奏明显,此拳的最终要求是:噼哩啪啦,难分难解。这就要求习练者双方不但要发力刚猛快速、手臂的抗击打能力强,而且要打得非常紧凑,因为"安身炮"讲究的就是贴身近打,远看时就像太极拳推手永不丢手,粘到一起似的。远要剪,近要钻;钻进合膝,粘身纵力。手起如钢锉,手落如钩竿。摩胫摩劲,心一动,浑身俱动;心动如飞剑,肝动似火焰,肺动成雷声,脾肾夹力攻;五行合一处,放胆必成功。只有经过长期刻苦的训练才能达到此境界,才能将拳运用到实战当中去。

练习安身炮不能急于求成,要循序渐进。刚开始练习时一定要慢,将动作学会后再逐渐加力加速。两人对打时一定要非常熟练,练到闭着眼睛打都不会出错的地步。

对练时一定要全神贯注,要有如临大敌之感:敌不动我不动,敌要动我先动。等对方拳快接触到自己时再加速发力。

对练招式熟练后,再将套路拆开,把每一式提出来单练。就像练五行拳一样将速度和力量打出来,找到每一式的劲道,然后再合起来练。

安身炮的招式如下。

（1）甲（上手）乙（下手）相距四步，相对而立，同时三体式起式，起式后要达到前手相交的距离。（图8-8）

（2）甲左足前进，右手向乙打出一记崩拳，乙撤右足，左掌拍出甲的右臂。（图8-9）

（3）乙再进右足向甲打出金鸡食米，甲用右掌抏按乙的右手，左掌向乙右肩劈去。（图8-10）

（4）乙右拳上翻左拳直击甲心口如鹞子入林。（图8-11）甲左足撤半步，左手回带乙之左拳，右足进至乙左足外侧，右劈拳。（图8-12）

图8-8

图8-9

图8-10

图 8-11　　　　　　　　　　　　　图 8-12

（5）乙左足撤半步，左手回带甲之右掌，右掌向甲左颈部劈去，甲施左双截手，即右手向里裹劲，手心向上，左手腕向外扭劲。离面一二寸手心向下，两手一起向着乙的右胳膊截去。（图 8-13）

（6）乙右手拉回右肋，左手向着甲右颈部劈去，甲即换右双截手。（图 8-14）

图 8-13　　　　　　　　　　　　　图 8-14

（7）甲用右手从自己左手下边出去，崩拳打向着乙之心口，乙撤左上右，左手裹拉甲右手，右手崩拳向着甲之心口打去。（图8-15）

（8）甲提起右足打猴扣绳，右手扨乙之右手腕，左手按乙之右臂。（图8-16）

图8-15　　　　　　　　　　　　　　　图8-16

（9）甲随即进右足，右手再向着乙脸上扨去，三扨一气呵成，不可间断。乙跳退右步，左手金鸡报晓，自甲右手背钻出搪住，右手拉至心口处，身势要矮。（图8-17）

（10）甲左手自右手下翻架，右手抽回打出右炮拳，乙即速退步左劈拳，右手抽回在心口处，手心向下。（图8-18）

（11）甲即用左手扨乙之左腕，右足上至乙左足外侧，右手用拳背打乙耳根。乙即退右足，左手上钻搪住。（图8-19）

（12）甲先撤右足，用左手拍出乙之左手。右足再进，右手从乙之胳膊下边，向着乙之左面劈去，谓之偷打。（图8-20）

（13）乙撤右足，左手拨开甲之右臂，右足进半步，同时用右手掌劈

图 8-17

图 8-18

图 8-19

图 8-20

甲之左耳根。（图 8-21）

（14）甲撤右足，右手将乙右臂缠裹按下，进左足，左掌同时劈向乙

之右肩。（图8-22）

图 8-21

图 8-22

（15）乙提起右足打猴扣绳，右手扐甲之左手腕，再用左掌按住（图8-23），右足进步，右手扐甲的脸，甲左手金鸡报晓搪住（图8-24）。

图 8-23

图 8-24

（16）甲左掌翻腕带开乙右手，右手如蛇形擢裆，右足同时进步。（图8-25）

（17）乙撤右足，用右手将甲之右手往后外捋拨，左掌斩向甲之脖颈。（图8-26）

图8-25　　　　　　　　　　　　　　图8-26

（18）甲右手翻掌拨转乙之左掌，左掌再向着乙之右颊劈去。乙即将左胳膊抽回在肋，右手钻向着甲左手里边，搪住。（图8-27）

（19）甲左手下按，右手即向着乙之左颊劈去。乙右手拍开甲之右手，左手崩拳向着甲之右肋打去，身子即换骑马势。（图8-28）

（20）甲仍用猴形扔绳势，先右后左向乙左臂连扔两下。（图8-29）

（21）甲第三下右爪扔向乙左脸，乙用双截手，将甲的右手截开。（图8-30）

图 8-27

图 8-28

图 8-29

图 8-30

（22）甲即将右手抽回，随后用左手向着乙之右颊劈去，乙仍用双截手截开。（图8-31）

（23）乙再用右手顺步崩拳偷打甲之左肋。甲左手将乙之右臂顺着往后捋，谓之顺手牵羊势，同时提起右足右爪，如同狸猫上树之势。（图8-32）

（24）甲右足踏向乙右膝，同时右爪扑乙脸。乙左足退步，左手上钻，搓开甲之右爪，右手在心口处。（图8-33）

图8-31

图8-32

图8-33

（25）甲用左手挑开乙之右胳膊，右手再向着乙之左颊劈去，乙即速抽回右手，在右肋处，左手自甲之右臂内穿出抓肩，谓之鹞子抓肩势。

（图8-34）

（26）甲再以猴形扪绳势，先右后左向乙右臂连扪两下，然后第三下右爪扪向乙脸。（图8-35，图8-36）

图8-34

图8-35

图8-36

（27）乙左掌外挂，右掌斩颈，甲左双截掌应；乙再左掌斩颈，甲右双截掌应。（图8-37，图8-38）

（28）甲即再打右手崩拳，与第一手相同。（图8-39）

以上循环往来不穷。若欲休息，仍还于原起点处停住，收式。

图 8-37

图 8-38

图 8-39

形意拳对打练习

李洛能著的《形意拳谱·战手要法》说："二人初见面，未交手前，要凝神聚气，审查敌人五行之虚实（精神体格），注意敌人之动静，站近敌人之身旁，成三角斜形式。站左进右，上右进左；进步退身灵活要快，形似蛟龙翻浪；发拳要攥紧，拳紧增力气；发掌要扣手心，掌扣气力加；三节四梢要相齐，心要虚空而狠毒，不毒无名，俗云：人无伤虎心，虎生食人意。气要上下、三田联络往返，精气方能贯溉四肢；以心为主宰、以眼为统帅、以手足为先锋，不贪，不谦，不歉，不即，不离；胆要大，心要细，面要善，心要毒。静似书生，动似雷鸣。审查来人之形势，彼刚我柔，彼柔我刚，刚柔相济。进步发掌，先占中门。肘不离肋，手不离心，束身而起，长身而落，随高打高，随低就低。远发手足，近发肘膝。上打咽喉下撩阴，左右两肋在中心。发手莫有形，身动勿有势。操演时，面前似有人；交手时，面前似无人。"二人较技之时，变化发生在瞬息之间、毫发之际，时机稍纵即逝，非平时刻苦锻炼有深功夫的人，是颇不易做到的。只有经过刻苦训练所有招法要领完全融入动作之中方能奏功。即如拳经所云："打法定要先上身，足手齐到方为真。身似蛟龙，拳打烈炮。起无形，落无踪，手似毒箭，身如返弓。遇敌好似火烧身，消息全凭后足蹬，进退旋转灵活妙，五行一动如雷声。风吹浮云散，雨打尘灰净，五行合一处，放胆必成功。"

形意拳对打练习的意义在于全面掌握形意拳术的"粘黏拧裹"之技。粘黏拧裹是形意拳术的"粘黏连随，拧裹钻翻"的简称。粘黏拧裹是内家拳、短拳之特技，是形意拳基本技能之一。形意前辈常讲"黏得上，吃得住"，就是指粘黏拧裹之技的应用，这也是形意拳对打练习的主要内容。

"粘黏连随，拧裹钻翻" 的含义

"粘黏连随"，是对较勇双方肢体联系方式及紧密程度的描述，每个字都有特定的含义。粘——保持在运动中与对方的肢体接触。黏——肢体接触要有一定的紧密度，利用触点摩擦力，确保四两拨千斤之功效。连——动作要连续。随——随对手状况伺机而动。

"粘黏连随"的含义是：以双方肢体接触点为介质，通过触点部位皮肤受力状况及神经反射，建立"听力"系统，确定对手企图。

"拧裹钻翻"，是对在较勇中破敌制胜手段的描述。拧——通过部分肢体、躯体的旋动改变来力方向，使对手打击落点在我体外。裹——粘黏住对方，通过肢体的拧转及躯体束身蓄力产生的扭力，使对方的进攻招式落空（俗称"引进落空"），在对方不知觉情况下的全身深入。钻——利用对方急欲求稳之势，迅速改变拧裹方向，让对方前脚或双脚瞬间离地，重心悬浮起来。翻——通过展身、五弓蓄力释放，肢体、躯体拧裹劲力反向快速复位实施旋砸打。形意前辈把钻翻过程形象地称为"捧碟子扣碗"和"捧呈叠腕"。

拧裹钻翻的含义是：通过肢体或躯体的转动，利用粘黏点的滚动摩擦，完成化力、发力的过程。

粘黏连随与拧裹钻翻之相互联系

粘黏拧裹是形意拳术听力、化力、发力等一系列过程总的概括。各相关环节存在着特定联系。

1. 粘黏拧裹是一体的、连续的、不可分割的

双方较勇，有攻就有守，攻守过程瞬间发生、瞬间结束，所以粘黏拧裹也是一体的、连续的、不可分割的。形意拳主要技击方式是后发先至，也就是讲究防中攻、顾中打、顾打兼备。就其作用讲，粘黏是基础，拧裹是方式，钻翻才是目的。

2. 连随是动态中粘黏、拧裹的保证

连随是动态中粘黏、拧裹的保证，我随对方而动，你快我快，你慢我慢，通过粘黏而"听"到对方的力，通过拧裹破坏了对方的攻和防，对方无可奈何，欲进不到，欲守不成，一切皆在我掌控之中。

3. 粘黏连随要适时而变

打，按双方是否有肢体接触分为脱打和黏打两种。在对打时尽可能不要脱手，脱手就不知对方去向；进攻时一近身则脱手即打。如形意前辈讲崩拳打法如"浪上行舟"，意思是下压着对方前臂旋进，即黏打。练法是出手前手心向上，手达击点时手心向内侧，运动中手臂旋 90°。实际用法则视情况而变，如对方粘黏则实施旋打，"吃掉"对方防守距离，破坏其防守；如对方在防守中出现脱手，或因我改变拳速、力点变化而误判、脱手时，我则可直打。在黏打中，如遇对方掤劲不足（俗称"间架瘪了"）或掤劲大而僵时，即可抖打，一发即中。

粘黏拧裹原理分析

关于形意拳术粘黏拧裹之技的特点，形意拳前辈常讲：守好似油蛋，对方靠不住、有劲使不上；进好似蛇缠绕，对方赶不走、甩不掉。防守与进攻时人体动作均好似球体运动，运动方式包括球的自转（拧裹）与球心的直线运动（打击汇力过程）。按上述球体运动方法分析由防变攻的过程，我作为球体先以肢体粘黏触点至重心垂直距离为半径进行自转（拧裹），改变来力方向，化解对方进攻，并通过束身使球心（重心）适当后移而完成蓄力，最终化解对方进攻。欲乘势进攻，需速释放蓄力（似球心）向敌运动，如对方粘黏回顾，我再通过球体自转（拧翻）破坏对方防守，确保实现打击。敌我双方较勇好似两个球体粘黏冲撞，通过自转（拧裹）化解对方进攻、破坏对方防守，用球心推撞（施打）对方。比武双方谁能实现目的，取决于各自的粘黏拧裹技术水平高低和功力大小。

粘黏拧裹的功效

1. 用转动物体的周长可以解决直线运动距离问题

双方较勇肢体紧密接触后，运动方式如同一个旋转齿轮与一个直线运动的齿条一般。双方肢体触点即为齿轮、齿条齿的啮合点，我肢体拧裹似齿轮转动，对方无论进手攻或回手防，我都可以用拧裹"吃"掉对方的位移，保持施打的理想距离。

2. 肢体、躯体的拧裹可以改变作用力方向

如对方直力进攻，我通过拧裹使受力点由垂直作用力变滚动切线力而偏离，对方击空。如我用拧裹方式进攻，同子弹旋转出膛，滚动切线力抵消了对方回顾力而直奔打点。

3. 根据需要调整拧裹半径，可以改变对方施力方向

身体参与拧裹部位不同，身体转动半径不同。实战中，采取什么拧裹方式取决于通过粘黏感受到的对方施力的大小、方向和双方距离、粘黏部位及我方企图等诸多因素。如当对方施力不大、方向直来、来拳与我距离较远时，我通过腕、肘等局部的拧裹即可使对方施力方向改变，化出我身外；当对方施力较大、滚动直逼、来拳与我距离较近时，我须通过腕、肘、肩及腰部拧裹及坐胯才能使对方施力方向改变，化出我身外。拧裹总的原则是：手被制用肘部拧裹化解，肘被制用肩部拧裹化解，肩被制用腰部拧裹化解。

4. 有效的拧裹是发人的前提

拧裹必须要顺势而为，钻翻却要逆势而上。通过拧裹钻翻既可化解对方施力，还能将对方"叫"起来。手上感受到对方重量的那一瞬间，就是发人的最佳时机。拧裹钻翻是一个束展、化力及发力、往返折叠的过程。因为有了拧裹做铺垫，才使钻翻有了可能。

粘黏拧裹之技的习练

形意拳前辈常讲："练拳不练功，到老一场空。"扎实的基本功是实现拳技上身的前提，是较勇中自如应用粘黏拧裹之技的基础，主要通过以下三种方式进行练习获得。

1. 五行拳分解单练

在日常习练中，要有意识地去体会五行拳中的拧裹方式，必要时可以将五行拳动作再进行分解，找出拧、裹、钻、翻环节进行单独练习，熟练后再逐个相连。最终达到身体协调一致之目的。如进行半步劈拳练习，重点体会以腰为结点的拧裹束身、以脚蹬力上传的钻、以尾闾为中展身翻的过程；进行定步崩拳练习，重点体会手臂拧转过程；进行定步横拳出拳练习，重点体会腰拧翻催肩、肩拧翻催肘、肘拧翻催腕汇力达拳面的过程等。

2. 特定动作练习

参照日常生活中的类似行为，进行双手强化练习，来增强拧裹钻功力。如以右手练习为例，想象一口大锅仰放在我面前，用右手握拳好比刷子，顺锅沿顺时针滚动刷锅，以最高点为界，坐胯并用腰带肩、肩带肘、肘带腕，手臂向下拧转（拧裹）刷；以最低点为界，足蹬、送胯并用腰带肩、肩带肘、肘带腕，手臂向上拧转（拧翻）刷来反复练习，体会拧裹钻的方法。

3. 徒手对练

粘黏拧裹属对抗之技。拧不是空旋，而一定要黏住对方旋。没有与对手的粘黏，拧裹即失去立本之源。检验、应用、提高粘黏拧裹之技最好的方法是对练。

（1）进行推手练习。形意推手可分为单手推及双推手，是最基本的较勇练习。特点是可慢可快，"丰简由人"。形意推手练习对掌握粘黏拧裹之技好处多多。通过推手试力练习可以增强体感。形意推手练习有两个注意事项。一是施力大小要恰当。施力太大而力明，会暴露意图；施力太小而力懈，改变不了对方进攻方向。二是把握住拧裹时机。对方进攻瞬息万变，防守拧裹早了可能发生脱手，晚了则可能对方的拳已上身，把握好拧裹时机十分重要。

（2）进行对打练习。通过对打练习可以提高听力、化力、发力技术水平，增强身体反应敏感度，固化行为，增添兴趣，交流技艺。形意拳徒手对练套路是前辈攻防经验之总结，由于设计科学，编排合理，内涵丰富，打点相连、打顾相配，束展相合，变化多样，不仅包括身法、步法、打法、手法等内容，粘黏拧裹技法也随处可见，用心习练，总有新的感悟，百练而不腻。经常习练五行连环、安身炮、五行炮、九套环、对劈拳等徒手对练套路，可以提高对粘黏拧裹之技的认知，为拆开套路实现任意徒手推手、散手对练，乃至为步入实战奠定基础。

应用篇

形意拳"内外兼修"

形意拳不仅重视躯体动作，即所谓"架式"，还重视丹田功法，因为"武艺之道，有形者为架式，无形者为气力"。架式、气、力三者的关系是相互依存、相互制约的，"无气力则架式为无用，故气力为架式之本。然欲力之足，必求气之充，故气又为力之本"。那么要达到气力充盈，必须练丹田，因"丹田……乃元阳之本，气力之府也""欲练精技艺，必健丹田。欲健丹田，尤必先练技艺。二者固互为因果也"。演式和健丹田，就是外之四体百骸、内之五脏六腑兼修兼练，拳谱概括为"内三合"（心与意合，意与气合，气与力合）和"外三合"（肩与胯合，肘与膝合，手与足合）。只有在练功过程中练到内、外均合（即内外兼修之"合"）的境地，才符合形意拳的本旨。

丹田功法如此重要，我们该怎样去锻炼呢？

形意拳怎样修"内"和"外"

形意拳拳谱指出，演艺者以八要为先。八要者，心意拳之母也。内之以炼气，外之以演艺。无论五拳、十二形，虚实变化，起落钻翻，皆不可须臾离也。什么是八要呢？"内要提，三心要并，三意要连，五行要顺，四梢要齐，心要暇，三尖要对，眼要毒。"八要所指，心意于内为主导，而三心、三尖等则为体形的要领，配合于外。"外之以演艺"，即练习五拳、十二形的架式动作，这里不做详细阐释，因为三体式、五行拳等练功之法已于前述及。于此只想对拳谱上阐述的"内之以炼气"要点抄录一下，以供同好参考和进一步研究之用。

"内之以炼气"，拳谱上叫作"用内功"。如何用内功？这就要求练功者要了解脉络、格式和呼吸。

脉络

用内功，必得脉络甚真。不知脉络，勉强用之，无益而有损。

前任后督，气行滚滚。任脉起于承浆穴，直下至阴前高骨。督脉起于尻尾穴，直上由夹脊过玉枕、泥丸，下印堂，至人中穴止。

井池双穴，发劲循循。井者，肩井穴也，肩头分中。池者，曲池穴也，肘头分中。此周身发筋之所也。

千变万化，不离其本，得其奥妙，方叹无垠。

龟尾升气，丹田炼神，尾骨尽处也，用力向上翻起，真气自然上升矣。

气下于海，先聚天心。小腹正中为气海，额上正中为天心，气充于内，形充于外也。脐下一寸三分，丹田穴也，用功时存元神于此处耳。

格式

格式者，入门一定之格也。不明此，脉络亦空谈耳。

头正而起，肩手而顺，胸出而闭。正头起项，壮面顺神。肩活，背式手正。胸出，身微有收敛之势。中真窍也。

足坚而稳，裆坚而藏，肋开而张。足既动，膝用力，前阴缩，两肋开，正气调而匀，劲松而紧。出气莫令耳闻声，劲必先松而后紧，缓缓行之可也。

呼吸

先吸后呼，一出一入。先提后下，一升一伏。内有丹田，气之归宿。吸入呼出，勿使有声。

提者，吸气之时，存想真气上升至顶也。下者，真气落下也。伏者，觉周身之气渐小，坠于丹田，龙蛰虎卧，潜伏也。

下收谷道，上提玉楼。耳后高骨也，使气往来无阻碍也。

不拘坐立，气自喉以至肺心也。气虽聚于丹田，存想沉至底方妙。升有升路，肋骨齐举。降有降所，俞口气路。气升于两肋，骨缝极力张开，向上举之，自然得窍。降时必自俞口，以透入前心，方得真路。

细调呼吸，一出一入，皆由鼻孔。而少时气定，遂吸气一口。但吸气时，存想真气自涌泉发出，升于两肋，升于前胸，自前胸升于耳后，遂升于泥丸。降气时，存想由泥丸至印堂，由印堂自鼻，由鼻自喉，由喉自夹脊透于前心，由前心沉至丹田。

如何本着上述要领练功？除领会其要点外，拳谱着重指出，"要在平日，勤练技艺，非如求仙者之静坐炼丹也"。练形意拳内功，必须对此有明确的认识。

形意拳气功的具体练法

形意拳练功层次有三。

（1）明劲：炼精化气，易骨。

（2）暗劲：炼气化神，易筋。

（3）化劲：炼神还虚，洗髓。

根据练功层次，一般练形意拳气功可分为四个步骤：（1）调息；（2）炼精化气功；（3）炼气化神功；（4）炼神还虚功。这里介绍的练法，多从个人体验来讲，希望能得到同好的补充，以便更好地促进形意拳内功之完善。

调息（吐浊纳新功）

站好三体式。清除一切杂念，头脑要空。全身关节、肌肉放松，吸气细微如抽丝。把足心吸入的地阴，手心、脑心吸入的清阳，都吸入丹田。然后由背骨上行，注于胸，充于腹，盈于脏，凝于两肋，冲于头顶。

吸气的同时，双掌回拉变拳，右拳在脐，左拳至肋。上身后坐，使肩胯和后足跟上下垂直，小腹里收，贴至后背命门穴。呼气的同时，后足蹬地，左腿前弓，膝盖与足内踝上下垂直。同时，沉肩坠肘，双掌用虎扑姿势向前扑出，与左足尖上下对正；膈肌下降，命门前送，腹肌内合，丹田前攻，一股气经双腿下降至足心；另一股气经尾闾、命门、夹脊、肩窝，过肘到掌心。身腰随呼吸像狗熊、大象那样前后摇摆起来。

这种练法，主要是借用丹田呼吸法和手足、腰身的动作，推动五脏六腑活动起来，把体内的浊气驱逐至体外，把大量的新鲜空气纳入腹内，使全身气血畅通无阻，并逐步形成内外合一的整劲。

先师多用劈拳练调息。练者可根据自己条件选择。

调息功的作用，尤在于呼吸动作，即吐故纳新。据测试，人体各部组织如不能充分吸取和利用氧气，生理活动就不能正常进行。大脑皮层的神经细胞只要断绝血氧供应八分钟，就会失去正常的工作能力。可见呼吸动作的吐故纳新对健康的重要性。

另外，练调息功的过程中，全身都要轻松，只是两足微微用点力，借以锻炼腘绳肌的伸缩能力，增强腿的弹跳力。

炼精化气功

站好三体式。舌顶上腭，注意把津液吞入丹田。丹田随吸气用力往里收缩，肚脐力争贴至后背命门穴上。

左足猛向后退一大步，重心全部移至左腿，左胯下蹲，与左足跟上下垂直；右足大趾贴地，足跟斜向上提，后撤至接近左足内踝处，足尖点地站住。双掌握拳尽力后拉至左拳在脐、右拳在肋停住。收则退之于密小而无内，越快越猛越好，目的是使对方跟不上。

呼气时，右足用力猛往后蹬，右胯向前向上托劲，左足猛向前跃进一大步；命门前送，丹田气猝发勇往直前，有如野马跳涧。双掌用偏虎扑姿势猛扑出去，好似饿虎扑食，迅猛异常。头顶项竖，两眼向前偏上远视，似乎要用惊炸劲把对方送上墙去，和龙形里的跃步、快步异曲同工，都需要狠毒有胆量。拳经云："打人如挂画。"如没有雄厚的丹田气、内外合一的整劲、十足的后脚蹬劲，是很难做到"打人如挂画"的。学者必须有不怕吃大苦的心理准备，持之以恒，坚持锻炼，方能有成。

炼精化气功是强壮功，气血总是围绕着丹田、会阴、命门三穴转动，能提高肾脏的功能。青壮年练此功容易发生精满自溢的现象，睡觉时应采取右侧卧式，右手抬至右眉梢前，左手顺左大腿抚在风市穴上，左腿屈膝，膝盖靠近丹田，右腿在下伸直。这样胃和小肠容易畅通。不可用仰卧式，更不要双手放在自己的胸腹部。

此功刚多柔少，容易使筋骨肌肉发生劳损。因此，练功完毕应继续走动溜达，不能站着不动，更不能坐着休息，以防气血瘀滞。

刘老师立下规矩："只要在拳场（练功场）上，除打拳外，就得一直遛。"

拳谱有"百练不如一遛"之语，这是有道理的。

此功法是练刚劲阶段的精髓，学者必须要有吃大苦、流大汗的勇气和决心，把内外合一的整劲、还弓劲、弹跳劲充分发挥出来，达到大步迅猛前进则对方退不及、化不了，大步后退则对方赶不上的程度，为进一步练柔劲和化劲打下牢固的基础。

炼气化神功

站好三体式。全身尽量放松，膈肌升降，腹壁开合，呼吸要自然。姿势动作力求中正安舒，能支撑八面，舒展大方。动作用鼍形步法。

吸气时左掌内旋，撤至右肩里侧，掌心向里，食指尖接近右耳垂。用意念把足心吸入的地阴和手心、顶心纳入的天空清阳统统集聚于丹田；随即由后背上行，注于胸，充于腹，盈于脏，凝于两肋，冲于头顶，直达天庭。同时，左足撤至右足里侧空悬。眼向右看左掌食指，右掌微向上提。

呼气的同时，左掌外旋，向左前方伸出，臂呈半月形，掌心向前。注意头顶项竖，长腰展臂，身向左转，眼看左掌虎口，势如行云凌空，宽广无边，大而无内。左足向左前迈步，左腿弓至膝盖与内踝上下垂直。是谓鼍形左式。

吸气的同时，右掌内旋，上提至左肩里侧，食指尖接近左耳垂。身向左转，右足提至左足里侧空悬。右掌随呼气外旋，平伸至右前方，虎口斜向前，臂屈如半月形。同时出右足，右腿弓至膝盖与内踝骨垂直。左手仰掌回至肚脐，身向右转。头顶项竖，长腰展臂，目视右掌虎口，有如行云凌空，宽广无边，大而无外。是谓鼍形右式。

如此左右式交替前进，次数无阻。

往回打时，在鼍形右式开始吸气时，右掌里旋至左肩里侧，食指尖接近左耳垂。身向左转，右足向右后方撤退，大趾贴地，足跟欠起。

呼气时，右掌外旋，向右转身，右掌撤至右后方，平肩屈肱。右足跟落地，是谓右退式。

再吸气，左掌内旋，上提至右肩里侧，食指尖接近右耳垂。身向右转，眼平视左掌食指尖。左足撤至右足内踝边，大趾点地，足跟欠起。

再呼气，身向左转，左掌外旋，向左后方撤回，屈肱平肩。眼看左掌虎口，身向后坐，左足跟落实。

一左一右交替后退，至原起点处收式。

练此功时，要注意神气内敛，全身动转力求轻灵活泼，要格外留心呼吸时膈肌的升降起伏及腹肌的内开外合运动。它能长筋腾膜，扩张腹膜和胸膜的能量，使五脏六腑从腹膜和胸膜的束缚下解脱出来，提高内外合一的整劲的功能。有形于内是大周天之所为用也，真能做到周身气血畅通无阻，内五行一动，外五行相随，发出内外合一的整劲，方能达到战无不胜之境地。

炼神还虚功

本功的练法与炼精化气功截然不同。

首先要做到清心寡欲，心平气和，头脑空虚，全身轻松，两眼似开非开、似合非合，无形无相，无内无外。呼吸绵绵若存、似有似无，意念全在丹田，是纯任自然的胎息。

练功时采用立式、坐式、卧式都行；用顺式呼吸或逆式呼吸均可，主要是使神气内敛，心中清虚无物，无物觉明，觉明气行，气行则身体轻灵、虚无缥缈、随风而动，不为外物所伤。

此功练至虚极静笃时，常觉足心有一股暖气萌动，足趾和足背的陷谷穴及足大趾下边的然谷穴、照海穴有不同程度的跳动、发热，暖气顺三阴交、筑宾等穴微微上吹，能把腹内的浊气、寒气驱逐至体外而出现打嗝和放屁的现象。这种从涌泉穴微微上吹的气行，随意念敷布全身，病症的痛苦可随之减轻、缓和，不仅可以增强体质、祛除疾患，还可使拳功深化到洗髓的阶段，在劲力上达到刚柔相济、运化自如的境地。

拳经云："一羽不能加，蝇虫不能落""拳无拳，意无意，无意之中是真意"。

根据生物学原理，人在生命受到威胁时，人身防御的本能会促使肾上腺分泌许多种激素，把人体内的潜力激发出来，助人化险为夷。

1946年部队下令撤出张家口，我带领军区各厂职工把短时间内运不走的军用物资转移到阳明堡车站行宫大院内。一天早晨，我正和行政处王处长在院内督促装车，忽然飞来三架敌机，向南北方向轮番扫射，机枪炮弹把牲口们都打惊了，数十辆大车在院内乱作一团。我想离开大院，但院墙太高，在万分紧急之时，我猛地一跳，右手竟抓住了墙头砖，翻身一跃跳到墙上。事后和几个练拳师傅谈及此事，其中二位师傅言亦曾有过这种经历。拳经云"四梢用力则可变其常态"，的确如此。

1930 年夏季的一个夜晚，伸手不见五指，我正在楼下台阶上观察天气变化，一位同学开玩笑，悄悄过来将我拦腰一抱，我身子一抖，竟把他摔到阶下丈尺远。拳经所云"火机猝发物必落，拳打急神搂抖绝"，应该就是这个意思吧。

综观前述，形意拳拳法及形意拳气功都离不开丹田之健，所以拳谱曰："练就丹田无价宝，万两黄金不与人。"因为它不仅于形意拳技击有着说不尽的妙用，还可以防治疾患，使人体魄健全，也即"久炼自成金刚体，百病皆除如童子"。

今日不少练形意拳者偏重于技击艺术，而忽略健身养性的主旨，这显然是十分错误的，须知没有深厚的内功基础，技击艺术也无从达到高峰境地。

在内家拳中，形意拳和太极拳、八卦掌同为武林所重。近些年来，不少名家笔之于书，发表了他们对形意拳的研究心得。限于历史条件，这些研究主要是传统理论的复述和个人练功体验，而用近代科学理论深入探讨形意拳者尚不多见。当然，他们的研究在发展和普及形意拳上确有不小的贡献，尤其是那些练功体验，十分珍贵。从历史发展的角度来看，继承和发扬、发展形意拳武术遗产，努力使之科学化，即把无数前辈练功经验总结形成的传统理论和实践以科学的语言阐明，从而促进它的大踏步发展，是广大形意拳爱好者和武术工作者应致力研究的一项课题。

形意拳拳法和气功的作用及其机理的研究，无疑要涉及不同的学科领域，诸如运动生理学、生物力学、一般力学、中医理论等，因此只有各方面通力合作，群策群力，才能取得一定的成果。

当前，太极拳研究和气功研究都有不少进展，但形意拳的研究稍显落后。现在正在大力进行的人体科学研究对形意拳研究非常有益，我们应该借此东风。

这里只就我个人的一些设想，结合肤浅的认识提出一些问题，以供探讨。

形意拳拳法和气功的作用

谈到这个问题，可引用拳谱上的一句话："练拳术者，对己者，十分之八；对人者，十分之二。故曰：壮身者其常，胜敌者暂也。""对己"就是健身，"对人"就是胜敌。健身是本，胜敌是用。无论是拳法还是气功，都离不开这两个方面。为什么形意拳拳法和气功有这样的作用？它的机理是什么？这些问题涉及多个学科，因我的知识储备有限，现仅说说个人的看法，抛砖引玉，愿同好致力研究，俾得发展，庶不负练形意拳一场。

形意拳拳法和气功的机理雏见

从中医学古典理论上看，形意拳是一种身体的运动（锻炼）形式和方法，那它就必须受人体生理的规律性制约。中医学的古典理论，如阴阳、五行、脏腑、经络等学说，是中医学关于人体生理、病理的认识基础。而形意拳练功也脱不开这一古典理论所体现的人体生理的规律性。戴隆邦于清乾隆十五年（1750 年）《心意六合拳谱》序文中说："其心意拳大要，不外阴阳、五行……而其妙矣，又须六合者：'手与足合，肩与胯合，肘与膝合，心与意合，意与气合，气与力合'。"这一段话，指明了形意拳练功是离不开中医学古典理论所体现的人体生理规律。由于形意拳练功有着"对己"和"对人"两个方面，所以在对上述古典理论的发挥上，也包含这两个方面。

阴阳

1."对己"的阴阳

拳经曰:"初练宜柔和虚缓,所谓舒展筋骨,诱导气力也。继练宜刚猛迅速,所谓发扬内劲,适于应用也。"刚与柔、筋骨舒展与内劲发扬,就是阴和阳的依存、消长和转化。明乎此,怎样去正确练功,自可得宜。拳经从多方面谈及阴阳,起落、钻翻、横顺等,无不是阴阳的关系,学者须细读之。

2."对人"的阴阳

拳谱上讲角技时这样说:"势正者不上,势远者不上""乘其无备而攻之,由其不意而出之"。对方势正,必然劲力充盈,这时当避其锋。要"察乎敌之强弱,运用吾之机关,有忽纵而忽横,不可一概而论"。刘纬祥先生论述横顺劲力时,与对方较技部分的一些论点,就是"对人"阴阳之理的理解、运用。

五行

1.人体的五行

心、肝、脾、肺、肾为内五行,舌、眼、口、鼻、耳为外五行。拳经曰:"内五行要顺,外五行要随。"如能五行合一,则可达到"五行合一处,放胆即成功"的结果。练形意拳不仅要练躯体的姿势,还要练内脏的功能。外内一体,才能身健,身健方有致"用"的基础。

2.拳式的五行

参阅前述"第三章 五行拳"的相关理论。

脏腑

前述人体的五行中的内五行,即属脏腑的问题。不过人体的五行与拳式的五行角度不同,人体的五行是从五脏的相互联系、合成一体的意义及在劲力发挥上的作用而言;拳式的五行,则言劈、崩、钻、炮、横分属肺、肝、肾、心、脾五脏，可见这里不仅讲了拳式的变化，而且讲了脏腑功能的重要性。

拳经曰："五行好比五道关，无人把守自遮拦。"因此，练功过程中，要逐步使之"顺"，还要使五脏所开之窍，即舌、眼、口、鼻、耳（外五行）随，"顺"即是指五脏功能的协调。

五脏的协调何以重要？可以通过中医学脏象学说来了解其一二。

1. 心

首先看心。练拳须要"心与意合"。中医学所说的心从其所主而言，有心主神明和心主血脉之别。

关于前者，有心为君主、心藏神之说。神就是各种思维活动的集中表现，它和心的关系，表现在"心藏神"。神居处心中，故受心的影响。练形意拳要求凝神、放松，在有节奏的打拳中，调养心神，发挥其协调脏腑的功能，使脏腑功能相对平衡，各自发挥作用，使身体强健。

关于后者，《素问·痿论》说："心主身之血脉。"练功可使心神安宁，心气旺盛，推动血脉运行。习练者练功后脉搏和缓有力，面色红润。诚如《素问·六节脏象论》所说："心者……其华在面，其充在血脉。"

2. 肺

第二看肺。《素问·阴阳应象大论》说："天气通于肺。"说明肺司呼吸、主气。肺居胸腔，在五脏之上，是"清浊之交运"的器官，一呼一吸，吐故纳新。呼吸锻炼，吸入空气，不但充实了真气，而且由于"气为血之帅""肺朝百脉"，进一步推动了气血在全身的运行通畅，使五脏六腑、四肢百骸，得到营养滋润而充满活力。

其次，肺主肃降，肾主纳气。《景岳全书》讲："肺为气之主，肾为气之本。"练形意拳讲气沉丹田，通过腹式呼吸，使肺的后天之气与肾的先天之气通过降纳而结合，化生为人体的真气，可使内劲充足。

再次，肺主皮毛。所谓皮毛，实指一身之表，包括皮肤、汗腺与毛发等组织。它既能分泌汗液，润泽皮肤，又可抵御外邪。《灵枢·本脏篇》就论及之，《灵枢·决气篇》又进一步指明，卫气发挥作用，主要是由于肺的宣发，"上焦开发，宣五谷味，熏肤，司开阖者也"。练拳者都有这样的体会，有意识的呼吸和有节奏的动作，常常使人微汗，浑身舒适。

练形意拳要求呼吸、演式均自然，不要憋气，不用拙力，否则容易气机悖逆。对此必须注意。

3. 肝

第三看肝。肝主谋虑，肝藏血。于五行中，肝属风木。谋虑也是思维活动，加以肝属风木，风喜疏散，木性条达，故外界的强烈情绪刺激，如怒气，易影响肝木。《素问·阴阳应象大论》说肝"在志为怒""怒伤肝"。练拳时，凝神放松，心情恬淡，有节奏地打拳，可使肝气舒和条达，练完功，身心都舒畅。在练拳的过程中，气沉丹田，心意注在下焦，气血随之下行，可改善上盛下虚的状态，可起到平肝潜阳的作用，对肝脏某些不和有平复作用。又肝开窍于目，故对目疾亦有一定作用。

4. 脾

第四看脾。《素问·六节脏象论》把脾和胃、大肠、小肠、三焦、膀胱并称为"仓廪之本……能化糟粕，转味而入出者也"。故脾有运化水谷的功能，且往往与胃连称。历代医家都十分重视"脾胃"功能，故有"脾为后天之本""有胃气则生，无胃气则死"之说。

在演式过程中，通过气沉丹田，以及有节律地打拳与呼吸配合，可使三焦气机通畅，脾胃升降和利，脾土运化水谷的功能旺盛，故练功后常见食欲增进，这样可使营卫气血津液的转化之源增加，加强机体营养，增加体重。这正是"脾主身之肌肉"的说明。

5. 肾

第五看肾。肾为先天之本，位于腰部。它内藏肾阳、元阳、真阳和肾阴、元阴，故谓生命之源。

肾左右各一。一般认为，和丹田前后相对的命门穴就在肾区。不过对命门穴的确切位置，历代医家意见并不一致。

肾主水，肾主骨，肾气充实之后，精力充沛，神思敏捷，筋骨强健，行动轻灵。通过练功，肾气充盈，体质可以得到全面的增强。

五脏的功能，从上述各点可以有所了解。总括其要点，可以简列如下。

心：主神志、血脉，主汗，其华在面，开窍于舌。

肝：主疏泄，藏血，主筋，其华在爪，开窍于目。

脾：主运化，统血，主肌肉，主四肢，其华在唇，开窍于口。

肺：主气，主宣降，通调水道至皮毛，开窍于鼻。

肾：主藏精，主水，主骨生髓，通于脑，主纳气，主命门火，其华在发，开窍于耳及二阴。

经络

形意拳和气功均要求练者要明白脉络（即经络）。这已在"形意拳怎样去修'内'和'外'"一节中述及，这里不再重复。谈到经络必须涉及腧穴，自不待言。

形意拳和气功的生理基础

形意拳对神经系统的影响

近代生理学告诉我们，中枢神经具有重要作用。我们知道，中枢神经是支配和调节人体各个系统和器官活动的枢纽。人类凭着神经系统的条件与非条件反射活动，适应并改造外界环境，使体内各个系统与器官的机能活动依据需要而统一起来。形意拳可以增强中枢神经系统的功能，有着很好的保健意义。

练形意拳要求"心要暇"，讲究"心与意合"，这些都是对大脑活动的良好训练。演式时要求"心动浑身俱动""合者，合周身之一也"，这样一来，全身上下、内外是完整一气的。形意拳虽为单式演练，但既要求动作不能偏离"鸡腿、龙身、熊膀、虎抱头……"的体形要领，又要求拳式动作"间隔判然"，还需要大脑进行紧张的活动，以使演式得到良好的支配与平衡，进而对中枢神经进行间接训练。在提高中枢神经紧张度的情况下，其他系统和器官的功能也会活跃起来，可以加强大脑的协调作用。

演式时要气沉丹田，有节律地一左一右演练，精神放松，情绪稳定，这对大脑皮层和自主神经系统都有着良好的作用，可以使交感神经和副交感神经处于更加协调的状态，让人的心理情绪更加稳定。

通过丹田呼吸，膈肌的升降和腹壁开合幅度不断扩大，从而使心、肝、脾、肺、肾、肠、胃、膀胱、血管、淋巴等逐渐受到人的意志影响而蠕动，相互摩擦、推动，产生一定量的生物电、热效应，加速气血循环，促进新陈代谢，使全身一气，形神合一，还能陶冶性情，有提高理智控制感情的作用。功力好的人可以做到喜、怒、哀、乐、忧、恐、惊完全自主。

形意拳对心血管系统的影响

如前所述，形意拳是有节奏的单式演练，练功时，精神放松，气沉丹田，而且不能偏离"体形要领"，练习形意拳可以使全身的肌肉、关节、内脏、血液和淋巴都积极地活动，人体气血通畅，达到阴平阳秘。

形意拳对呼吸系统的影响

形意拳要求含胸拔背，而且演式时动作要与呼吸互相配合，呼吸要自然，即"不憋气"，且在气沉丹田时，膈肌升降、腹壁开合幅度变大，腹腔压力不断变化，可以改善血液循环；同时，可以使肺活量增大，肺组织弹性增强，吐故纳新的能力提高。肺功能的加强，不仅可以增进肺泡的换气能力，还能改善毛细血管的功能。

形意拳对骨骼、肌肉和关节活动的影响

形意拳体形要领要求练拳者要含胸、拔背、松肩、塌腰、提肛，并指出练拳者不可前栽后仰等，这些要求能使人体脊柱保持自然形态，不

会出现畸形。

演式时，一左一右地交替打拳，全身肌肉关节有节奏地活动，可以使全身肌肉关节都得到充分的锻炼。

形意拳和一般力学理论

虽然前辈们谆谆教导，说练拳术"对己"占十之八，"对人"仅十之二，但毕竟拳术有"胜敌"之要求，所以拳理的内容就很丰富，有手法、步法、身法及角技等。

胜敌离不开充盈的气与力。讲到力就必然涉及力的规律问题。体育力学也应对形意拳、太极拳、八卦拳及其他拳法等加以研究，使之具有坚实的科学理论基础，从知其然上升到知其所以然。这里提出一些肤浅的认识，希望能对促进形意拳科学化有所助益。

作用力和反作用力

练形意拳者常常听到"搅丝力"的说法。如打劈拳，前手回撤时拧转上钻，然后后手配合劈出，前臂内旋力撤，双臂用力方向不同，此即"搅丝力"。拧转和内旋增大了劈出之力，个人觉得这是作用力与反作用力在其中起作用。反作用力愈大，发力就愈大。

再如拳谱上说："消息全凭后足蹬"，尤其在打崩拳时，后足的蹬力也是崩拳发力的一个重要组成部分。

弹力

拳经曰："好似弯弓一力精。"说的就是弹力。对此，第三章已做了较多的说明，请参阅之。此处从略。

分力、合力

拳谱上多处提到"合"的问题。如"六合者，手与足合，肩与胯合，肘与膝合……""合者，合周身之一也""手起足不起则枉然，足起手不起亦枉然"。"合"固然含有配合之意，但更重要的是在"合一"上。从力学的角度来看，它有身体各部位本身的分力、合力；也有全身各部位之间的分力、合力；还有各种力，如作用力和反作用力及弹力的合力问题。试言其主要者。

形意拳对臂的要求是屈而不能伸直，这样一来，肘就是前臂运动的一个分力、合力地方；对腿的要求是双腿均屈弯不直，故膝是腿运动的一个合力、分力地方；后足蹬时，脚踝也是一个分力、合力的地方。

拳谱上说"肩催肘，肘催手""胯催膝，膝催足"，就个人肤浅之见，这说的应是各部位的分力、合力问题。

当然，形意拳在体育力学上所涉及的力学原理，绝不止以上所提及的几项，不揣浅陋和谬误，述之于此，抛砖引玉，切愿有专业力学研究者，能在这方面下些功夫。

总之，历代形意拳前贤在练功实践基础上，将丰富的经验总结，升华为系统的理论，广大形意拳练习者又在体验中证实了这些理论的真实性。因此，这些理论是经得住实践检验的，是科学的。只是受历史条件所局限，这些理论阐述，只说出了它的"其然"，而没说出它的"所以然"。我们只有先研究明白它的"所以然"，用现代科学语言予以阐发，才有可能谈到真的继承武术文化遗产；也只有这样，方能谈到发扬、发展，并使之走向世界。这是历史留给我们的任务。

我练形意拳的经过和体会

我自幼热爱形意拳，苦练数十年。丹田调息，气功陶冶，形意拳使我身强体壮、头脑清醒，使我沉着有胆量，多次助我度险关。花甲之年大祸天降，病魔缠身，甚至生命垂危，康复也全凭常练拳。我年近八旬时，糖尿病找上门，引发了末梢神经炎，大足趾肌肉坏死，腰酸腿痛走路难，腹内气痞丛生，气血障阻，呼吸困难，我昼夜同疾病斗争，更加一刻也离不开形意拳。

在监狱中练拳

1933 年，我因叛徒告密而被捕，在汉口军人监狱坐牢，监狱不让犯人练拳，我只好站在自己的床前边，聚精会神地练"吐故纳新功"和"炼气化神功"。直到能够换气，我才认识到柔劲的奥妙和神通广大。此后我便专心练起内功和拳来，把刀、枪、剑、棍都丢到一边不练了。

内功以柔为主，呼吸动作全不用力，坚、慢、圆、匀，循环无端，姿势要中正安舒，能支撑八面，舒展大方。

放之则弥于六合，大而无外，气贯手指足尖，力达四梢。拳短意长，双眼要平视地平线。同时要特别注意使内脏从脏膜束缚中解放出来，扩大内脏的活动范围，提高它们的能量。

收之则内藏于密，小而无内。吸气时要格外注意尾闾上翻，会合正心之气，沿尾闾、命门，直达百会及前庭。细心体察脊髓随呼吸上下浮动、身轻如羽的妙境。头顶项竖，如行云凌空，宽广无边。身形似流水，轻灵圆活，无微不至。心中清静无物，无物气行，有形于内，乃大周天之为用也。

身在监牢，精神能够高度集中，想练就练，不受时间限制，所以我一直勤练不辍。1934 年秋天的一个早晨，我刚练了半小时许，忽然觉得四面八方有许多针尖似的小气泡直向我腹部、胸口奔来，聚成鸡蛋似的一个气团，猛往上冲，我只得伸直脖子，张开大口，让它咕咕地吐出来。接连吐出三口气，再吸气时，呼吸不满，再呼气时，短时难呼尽，好像肺活量大了许多倍，浑身都感到轻快、舒适，一整天都精神饱满。这之后，我许多年不睡午觉，每天晚十点睡下，一觉醒来，正好是起床时间——四点多钟；夜里从不大小便，很少做梦。我亲身体会到了第二阶段柔劲的神通奥妙，进一步激发了练拳的兴趣，增加了一定要练好形意拳的决心。

形意拳在对敌斗争中的作用

练逆式腹部呼吸法的主要意图是扩大肺活量，改善气血运行的线路，使五脏、六腑、淋巴、内分泌腺及不随意肌逐渐接受意志的指挥，使身体更加符合生理保健和搏击艺术的要求。吸气时，经常有百会穴发凉的感觉，头脑清醒，全身轻松。

不随意肌听从意志指挥，能陶冶人的性情，提高理智控制感情的能力。功力好的人，可以做到喜、怒、哀、乐、忧、恐、惊完全自主，对完成一生的事业大有好处。因为每当盛怒时，肺部和肝区都会呈现特别紧张的状态，而此时若用丹田呼吸法，使膈肌下降，腹部上虚下实，心、肝、肺都舒展放松，神经镇静，则怒气自平。每当恐怖害怕时，人总会心惊胆战，全部神经、肾脏都会发生异常变化，如能气沉丹田，使心神安静下来，则泰山崩于前而色不变，猛虎吼于后而心不惊。

1931 年，我第一次带抗日宣传品去保定城里散发，刚走到西城门外，就看到日本哨兵枪上的刺刀，不由得心跳起来，脸上火辣辣的，我静下心来，马上采用丹田呼吸法，使心情安定下来，大摇大摆地混进城去，顺利地完成了党交给我的任务。以后每当敌特盘查时，我都用丹田呼吸法使自己镇定下来，用提前编好的事由泰然自若地应付过去。在日常工作中遇到难题时，我也是用丹田呼吸法使头脑冷静下来，避免感情用事。

1946 年部队下令撤出张家口市，我带领军区所属厂矿职工把大量军用物资移至在阳明堡车站行宫大院内。早晨我在院内检查装运时，突然来了三架敌机轮番轰炸，数十辆大车的牲口都被打惊了，在院内乱转，互相冲撞。我想逃出大院只有跳墙，但院墙特别高，我自知跳不上去，当时情况万分紧急，我只好猛力向上一跳，右手竟抓住了墙头砖，翻腿蹬上了墙，化险为夷。

拳经云："拳无拳，意无意，无意之中是真意。""四梢用力，则内劲出，武艺力大无穷。"说明只有练出这种内外合一的惊炸劲和弹跳力来才能成为高手。

根据内分泌学，当人处于生死攸关的紧要关头时，防御本能可使肾上腺泌出多种激素，激发人的潜力，从而使人创造奇迹。

形意拳助我度过政治迫害

1935 年出狱后，无论工作多忙，我都要挤时间练拳。练几趟柔劲后，再练两趟刚劲，这才收场。内功方面，主要用劈拳练调息，并结合炼气化神功。这种习惯一直坚持到1960年，我的功夫不断进步，身体更加强壮，精神无比充沛，工作、生活都很顺利、幸福，这段时间是我练功收效最多的时代，也是我为国家航空航天事业做出贡献的黄金时代。

1959年11月，我患了严重的神经官能症，一连六个多月几乎昼夜不能合眼；身体极度虚弱，站立不住；脚跟像没有肌肉、跟骨直接贴在水泥地上一样疼痛难忍。我的练拳权利被剥夺；由于长期住院，1961年又患上肝炎；糖尿病，颈椎、腰椎骨质增生，腰椎间盘突出，腰酸腿痛等一系列疾病一股脑地袭来，我只能仰卧床上做炼神还虚功。

我力争做到心平气和，脑子里空虚无物；全身放松，双目似开非开、似合非合，随呼气沿鼻梁向下看；经膻中穴送气至丹田，再至足心涌泉穴。纯任自然，毫不用力，勿忘勿助。吸气时，从足心把大地的阴气，从手心、脑心把天空的清阳之气，吸入丹田，再经会阴、尾闾、命门、夹脊、玉枕上升至百会。这段时间，我经常感到有清凉之气上达脑心，一时头脑特别清醒；后这股气改为由夹脊到肩窝直达手指。每当练到虚极、静笃时，常觉有一股热气从涌泉穴萌动，经照海、三阴交、阴谷等穴位到达丹田，而且这股气非常轻灵活泼，紧随意念畅流全身，想到哪里就到哪里，对准病灶，则能暂时减缓疾病的痛苦。练功成了我战胜病魔的法宝之一。

到1961年底，我又能站在草坪上练太极拳了。经过五年的治疗和艰苦锻炼，神经官能症逐渐康复，肝炎、糖尿病的大部分症状及腰酸腿痛也消失了。1965年，我终于恢复了工作。

1966年，我在"文化大革命"中受到威胁和迫害，又气又急，患了前列腺癌。

在北大医院手术后一个星期，我就开始下地练拳，两个星期我就出院了。当时给我治病的吴阶平教授都觉得惊奇。

形意拳又一次救了我的命！

形意拳助我战胜老年疾病

1983 年春，我的空腹血糖高达 16.7 mmol/L。住院期间，医生准备给我打胰岛素。我一方面严格控制饮食，另一方面坚持每天三次练拳。三个月后化验，空腹血糖降至 6.1 mmol/L，已经恢复正常了。

主治医师高兴地说："我看了大半辈子糖尿病，还没看到过血糖这么高，不打胰岛素还能恢复正常的病人呢。"

我认为这与我练形意拳有关。

到 1987 年，我的糖尿病影响到微血管循环，大足趾肌肉坏死。

我不断尝试着锻炼，经过医治，到 1988 年底，大足趾肌肉坏死逐渐恢复，我就又练起形意拳来，健康情况随之好转。

1989 年，糖尿病引发了冠状动脉供血不足；脏腑气化作用减弱，胸腹胀满，气痞丛生；骨质增生导致腰酸腿痛，浑身筋骨痛，走路困难气喘；前列腺术后增生，尿频尿急，病情格外严重。这些病痛使我精神、肉体上都受到莫大的折磨，此时极易产生消极情绪。因此，我先把精神振作起来，树立一定要战胜病魔的信心和决心，用打日寇的勇气和毅力来和病魔做斗争。功法上，我采用了"九转纯阳功""自行按摩""炼气化神""炼神还虚"等方法。

这些功法只有勤练才能暂时减轻疾病的痛苦，延缓疾病的发展，但不能根治疾病。我更加一刻也离不开形意拳了。

毕生练拳的体会

形意拳是个内外兼修的优良拳种，确能防病健身，使人精力充沛、有恒心、有耐心、有胆量、有勇气，对完成一生的事业大有帮助；同时，又能长筋腾膜，练出精、气、神，可登搏击艺术之高峰。

形意拳的练法，有易骨、易筋、洗髓三个阶段；有刚劲、柔劲、化劲之分，因而适合青年、壮年、老年各年龄段人群，关键在于爱好者要根据自己的条件选择合适的练功方法。一般来说，青壮年体质好的人应多练刚劲，借以提高五脏、六腑、四肢功能，达到身强体壮、百病不生的目的；年老体弱者，应多练些保养性强、动转轻松和顺的功法，把散乱之气收入丹田，借以恢复元气。但无论何人，练形意拳，必须有吃苦耐劳的精神和终生练拳的恒心。

形意拳在强身健体、延年益寿和攀登搏击艺术高峰方面，都有神通奥妙，但不能包治百病，更不是年龄越高，练功时间越长，功夫就越大。练拳的年头越久，对拳理拳法也就懂得越多，体会得越深，有些人因此而出名了，这是值得称赞的。但由于捧场的人多，这些人可能也就放不下架子，便顺势自吹自擂，无意中做了自欺欺人的蠢事。拳规有"老年戒德"一条，望后学者能有实事求是之志，而无哗众取宠之心。

附 录

《岳武穆九要论》

前言

《岳武穆九要论》是我于1947年在山西省收集到的。相传是形意拳的创始人岳飞遗留下来的一篇极为重要的著作，三十多年来我视为珍宝，一直保存到现在。1978年我请黑龙江省祖国医药研究所八十二岁高龄的著名老中医、老武术家高式国老师对之加以注解，现特复制，供武术爱好者研究参考。

有人提出，形意拳的创始人是不是岳飞？九要论是不是岳飞的著作？这些问题都有待考证。但九要论内容确有学习研究的价值。故在未考证清楚之前，仍用传统的说法发表，待考证清楚后，如确有误，再作必要的纠正或说明。望武术界同志奋起挖掘整理武术方面的祖国宝贵遗产，以供武术爱好者学习、研究和发展。在实现我国现代化的过程中，使武术更加科学化，在为"四化"服务和保卫"四化"中做出应有的贡献，是为至盼。

陈再实

一九八〇年一月

哈尔滨铁路局

岳武穆九要论

总论

器，上而通乎道。

注解：形而上者曰道，形而下者曰器。形是人身整体形态，形而上者是精神意识思想性情，形而下者是筋骨皮肉四肢百骸。吾人练习武术，如果把四肢百骸筋骨皮肉练到最高程度，就可以与思想意识相结合。拳名形意，即此意也。

技精而入乎神。

注解：技是艺术，神是玄妙，练武功练到精巧的程度，即可进步到变化奥妙的程度。

唯得天下之至正，秉天下之真精者，乃能穷神而入妙，察微而阐幽。

注解：独有得天下极正确的传授，再加以专诚的练习，得其真正精巧，乃能进入神秘，进而进入玄妙，到此境界乃能探讨隐微而发明新得。

形意之用，器也，技也。形意之体，道也，神也。

注解：凡属一事一物，俱各有体有用，体是有形的原动本质，用是无形的灵活作用。

而形意拳之作用，乃是器（四肢百骸）和技（招数）；形意拳的体，乃是道（神识情志）和神（隐微中的玄妙）。此句之意，即是以神情智慧来支配招数技巧。

器、技，常人可习而至。道、神，大圣独得而明。

注解：器和技，常人可以由练习而到高妙的境界。道和神，只有大明智的人加以钻研，才能彻底明其究竟。

岳武穆精忠报国，至正至刚，其浩然之气，诚沛然充塞于天地之间，故形意之精，非武穆不能道其详。

注解：岳飞字鹏举，死后封武穆王，生前以精忠报国自誓，人品极正，刚强不屈，其浩然气概，如同云行雨施一样，弥漫于天地之间，且其人最有聪明睿智，故能道形意之详。

虽全谱散佚，不可得而见。而毫芒流落，只此九要论而已。

注解：但是岳飞原作的完整拳谱，已经失散不全，不能得见，而如毫如芒零星点点流落于世上的，只此九要论而已。

吾侪服膺形意，得以稍涉藩围，独赖此耳。

注解：吾辈对于形意拳，揣摩钻研，得以稍稍涉及形意之边缘，独赖有此篇之存在耳。

此论者九篇，理要而意精，词详而论辩。

注解：此论总共九篇，在理论上得其要领，在意义上得其精华，在词句上很是详细，论述分析上也很是清楚。

学者有志，朝夕渐摹。而一芥之细，可以参天。滥觞之流，泛为江海。九论虽约，未始不可通微，何莫造室升堂也。

注解：有志学此者，在早晚时间，研究摹仿，可以由小及大，比如由芥子之小，推进扩大到与天齐，又比如滥觞小流，可以漫延成为江海，这九要论虽然微小简略，未尝不可通幽微而达于广泛，怎么不能达到形意之室，进而升到形意之堂呢？犹言定能得到形意内容的意思。

一要论

散之必有其统。分之必有其合。故天壤间万类众俦，纷纷者各有所属，千汇万品，攘攘者自有其原，盖一本可散为万殊，而万殊咸归一本，乃事有必然者。

注解： 天下事物不外聚散分合，但散的起始必有来源统系，分的了必有当然总归，天地间诸多种类，纷纷扰扰，虽种类不同，总不外一本散为万殊，万殊终归一本，这是事物必然的道理。

且武事之论，亦甚繁矣，要之诡变奇化，无往非势，即无往非气。势虽不同类，而气归于一。

注解： 谈到武事，也很繁难，其中主要，内则是气，外则是势。在战斗之时，双方所用的一切诡诈奇异的变化，在外表，无所不是用势；在内容，无所不是用气。即便用势有诡诈奇异的不同，但是内容的用气，是一致的。

夫所谓一者。从首至足。内之有五藏筋骨。外之有肌肉皮肤。五官百骸。连属胶聚。而一贯者也。击之不离。牵之不散。上思动而下为随。下思动而上为领。上下动而中节攻。中节动而上下和。内外相连。前后相需。所谓一贯。乃斯之谓。而要非强致袭为也。

注解： 一即是一贯，一贯即是上下、左右、前后、内外和而为一也，不但体质合一，精神意识也是无所不贯。

孙子曰："故善用兵者，譬如率然。率然者，常山之蛇也。击其首则尾至，击其尾则首至，击其中则首尾俱至。"即犹武术之上思动而下为随，下思动而上为领，上下动而中节攻，中节动而上下和，内外前后相连，同此一理。但是此等行动，出乎自然，不可强致。又如不思而得，无为而成，或攻或守，随机应变。若得敌拳到来，而思抵御，则不及矣。

适时为静，寂然湛然。居其所向，稳如山岳。值时而动，如雷霆崩出也，忽尔疾如闪电。且宜无不静，表里上下全无参差牵挂之累。宜无不动，左右前后概无遁倍犹豫之部。洵若水之就下，沛然莫御。炮之内发，疾不掩耳。无劳审度，无烦酌辨，不期然而然，莫之致而致。是岂无故云然？乃气以日积而见益，功以久练而方成。

注解：彼此交手在无隙可乘之际，各守以静，外宜严肃，内宜清晰，与敌对立，稳重如山，一待有机会可乘，立即由静变动，如雷霆样迸发而出，虽然疾如闪电，还要精神集中，不失其静，当在发动之际，全体上下无所不动，内不犹豫，外不悖谬，如同天雨下注，又如炮火内发，使敌方猝不及防，此乃久练之功，临时运用，不待审度酌辨而再行动也。"守如处女，动如脱兔""不动如山，难知如阴"，同此一理。

揆圣门一贯之传，必俟多闻强识之后。豁然之境，不废钻仰前后之功。故事无难易，功惟自尽。不可等躐，不可急遽。历阶而升，循序而进。而后官骸肢节，自能通贯。上下表里，不难联结。庶乎散者统之，分者合之，四体百骸终归一气而已。

注解：揣度圣门一贯之道，世代相传，然必须其人先有多知多闻的基础，有此基础，自然心地朗阔，而再加深入钻研努力向上，才有成功的可能。古人有言，事无难易，全在自己尽心力行用功而已，不可落后，不可冒进，要像登台阶样地上升，按秩序前进，而后五官百骸肢肢节节，自然灵活贯通，形成一气，才能得心应手，而在发散气力时，有所统御，不致撒手无着，已经分散出的气力，也能有分寸，而配合内心的号令。整体的气虽然分散在四肢百骸，而全体大用的连络仍归一气而已。

二要论

论捶而必兼论气。夫气主于一，实分为二，即呼吸也。呼吸即阴阳也，阴阳即清浊也。捶不能无动静，气不能无呼吸。吸则阴，呼则阳。静则阴，动则阳。上升为阳，下降为阴。盖阳气上升而为阳，阳气下降而为阴。阴气下行而为阴，阴气上行而为阳。此阴阳之分也。

注解： 捶者击也，人在出手打敌时，有发出必有收回，发则为动，收回停止则为静。凡捶必用力，必以气促使拳乃发出，然气有呼出必有吸，一呼一吸，而阴阳清浊上下升降，随之生出，若加以细致分析，阳气中分阴阳，阴气中也分阴阳。

然阴生于阳，阳生于阴，比如呼之后必吸，吸之后必呼，上升到极点必要下降，下降到极点必要上升。武术进步退步，出手回手，也是一阴一阳，所以武术不能脱离阴阳。不但武术脱离不开阴阳，凡百事物也都脱离不了阴阳。

何谓清浊？升而上者为清，降而下者为浊。清气上升，浊气下降。清者为阳，浊者为阴。要之阳以滋阴，阴以滋阳。统言为气，分言为阴阳。气不能无阴阳，即人不能无动静，鼻不能无呼吸，口不能无出入，乃对待循环者。然则气分为二，实主于一。学贵神通。慎勿胶执。

注解： 此篇论气，若能将清浊、升降、呼吸、出入分别清晰，对于拳术即可心领神会。但呼吸升降，要出入自然，不可呆板固执。

三要论

夫气本诸身，而身之节无定处。三节者，上中下也。身则头为上（梢）节，身为中节，腿为下（根）节。头则天庭为上节，鼻为中节，海底为下节。中节则胸为上节，腹为中节，丹田为下节。下节则足为梢节，膝为中节，胯为根节。肱则手为梢节，肘为中节，肩为根节。手则指为梢节，掌为中节，掌根为根节。为例。是故自项至足，莫不各有三节也。要之若无三节之所，即无着意之处。盖上节不明，无依无宗；中节不明，浑身是空；下节不明，动辄跌倾。节顾可忽乎哉？故气有所发，则梢节动，中节随，根节催。然此乃按节分言者。若合而言之，则上自头顶，下至足底，四体百骸总为一节。夫何三节之有？又何各有三节之足云？

注解： 本论大意即气有所发则全身通贯，上下左右相互策应，分言之则头项背腰臀肩肘腕胯膝手足爪发气各有所在。合言之总归一气。

四要论

试于论身论气之外，而进论夫梢者焉。夫梢者，身之余绪也。言身者初不及此，言气者亦属笔论。捶以内而外发，气由身而达梢。故气之用，不本诸身，则虚而不实；不形诸梢，则实而仍虚。梢亦乌可不讲？然此特身之梢耳，而犹未及乎气之梢也。

四梢为何？发其一也。夫发之所系，不列于五行，无关乎四体，似不足立论。然发为血之梢，血为气之海。维不必本话诸发以论气，要不能离乎血而生。气不离乎血，即不得不兼及乎发。发欲冲冠，血梢足矣。抑舌为肉梢，而肉为气之囊。气不能形诸肉之梢，即无以充其气之量。故必舌欲催齿，而后肉梢足矣。至于骨梢者，齿也；筋梢者，指甲也。气生于骨，而联于筋。不及乎齿，未及乎筋之梢。而欲足乎尔者，要作齿欲断筋、甲欲透骨不能也。果能如此则四梢足矣。四梢足，而气自足矣。岂复有虚而不实，实而仍虚者乎？

注解： 此节论梢。或曰，发、齿、舌本不能攻敌，爪甲虽能进攻，不过抓捏而已，此四者对于战斗似无意义。此乃只知用力，不知用气之言也。殊不知人当用力之际，必先发动内身之气，故有怒发冲冠，咬牙切齿，闭口藏舌而不言，或暗呜叱咤而发威，或摩拳擦掌而作式。若自表面观之，乃本人自发威耳，若究其发之所以上冲、齿之所以切切、舌之所以叱咤、爪之所以摩擦，皆内身之气有以促使之也。

五要论

拳者，即捶以言势，即势以言气。人得五脏以成形，即由五脏而生气。五脏者，心、肝、脾、肺、肾，乃性之源、气之本也。

注解： 以上数论，言气言势。本论言气所由生，乃本之五脏，五脏各有其性，即各有其气。此言性与气之本源也。

　　心为火，而性炎上。肝为木，而形曲直。脾为土，而势敦厚。肺为金，而有从革之能。肾为水，而有润下之功。此乃五脏之义。而有准之于气者，皆各有所配合焉。乃论武事所不能离者。

　　注解：五脏之性，各有不同，分属五行各有其义。火性炎上，心好高而喜胜，故配其属火。木性舒散，枝叶四布，肝喜通畅，故配其象木。金性刚坚，而能熔化为至柔之液体而始终不失其坚，其变革之性，胜于水火木土，人之气，贮藏于肺，气之性至大至刚，故以金配肺。土性敦厚，能生万物，能容万物，脾与胃合，胃能容受，消化饮食以生气血，脾胃之性，均属敦厚，故以脾配土。水性润下，肾司人身之水，故配肾象水。其所以配五行合五藏者，取其性气之用，非所其有形之质也。

　　其在内也，胸位肺，乃五脏之华盖，故肺动，诸藏不能静。两乳之中位心，而护以肺。盖心居肺之下，胃之上。心为君火，心动而相火无不奉合焉。两肋之间，右为肝左为脾。背脊十四节为肾位，分五藏而总系于脊，脊通一身骨髓。而腰为两肾之本位，故肾为先天第一，尤为诸藏之源。故肾水足，而金木水火土咸有生机。

　　注解：五脏在内部，各有固定位置，肺居最上如同华盖，肺下为心，心下为胃，胃左为脾，胃右为肝，心则居中为主也。脊骨通一身之髓，自上而下，第十四椎处为命门，命门左右各有一肾，故曰两肾之本位在腰。肾为先天之本，为诸藏之源，肾水足，则五藏俱足，故拳经谓主宰于腰也。

　　然五藏之存于内者，虽各有定位，而机能又各具于周身。领顶脑骨背皆肾也，两耳亦为肾。两唇两腮皆脾也，而发则为肺（医书但肺主皮毛）。天庭为六阳之首，而萃五藏之精华，实头面之主脑（前额内部即是大脑），不宣为一身之座督矣。印堂者，为阳明胃气之冲，天庭性起机由此达。（此句费解，恐有错误）生发之气由肾而达于六阳（手足各有太阳、阳明、少阳三经，故曰六阳），实为天庭之枢机也。两目皆为肝，细绎之上包为脾，下包为胃，大角为心经，小角为小肠，白则为肺，黑则为肝，瞳则为肾，实为五藏精华所聚，而不得专谓之肝也。鼻孔为肺。两颐为肾。耳门之前为胆经。耳后之高骨亦肾也。鼻为中央之土，万物资生之源，实为中气之主也。人中乃血气之会，上冲印堂，达于天庭，而为至要之所。两唇之下为承浆。承浆之下为地阁。上与天庭相应，亦肾位也。颌顶颈项者，五藏之导途，气血之总会，前为食气出入之道，后为肾气升降之途，肝气由之而左旋，脾气由之而右旋，其系更重，而为周身之领要。两乳为肝，肩窝为肺，两肘为肾，四肢为脾。两肩膊皆为脾。而十指则为心、肝、脾、肺、肾。膝与胫皆肾也。两脚根为肾之要。涌泉为肾穴。大约身之各部，突者为心，陷者为肺，骨之露处皆为肾，筋之连处皆为肝，肉之厚处皆为脾。

注解：五藏虽各有定位。然其机能作用，则周布全身。统领顶脑骨背，以及两耳，皆属于肾。唇与腮皆属脾，发则属肺。医书谓头为诸阳之会，故天庭为六阳之首，其精华会萃于头面。又手阳明经起于手，循臂上行至面，内行属大肠。足阳明经，起于面，而循胸下行属胃，会于天庭。而内部生发之气，由肾循命门，上脊背经项顶额，而达于六阳，亦会于天庭。又由面部地阁上经人中，过印堂，与天庭相会。

五藏之气，不但达头面，而且达于四肢，不但定位于胫臂手足，而且流着于筋骨皮肉。玩味本文"突者为心，陷者为肺，骨之露处皆为肾，筋之连处皆为肝，肉之厚处皆为脾"等句，则周身与五藏无一处不连接。

　　象其意，则心如猛虎。肝为箭，脾气暴发似雷电。肺经翕张性空灵。肾其伸缩动如风。其用为经，制经为意，临敌应变，不识不知，手足所至，若有神会，洵非苍墨所能预述者也。至于生克制化，虽有他编，而究其要领，自有统会。五行百体，总为一元；四体三心，合为一气。奚断断之于一经一络节节而为之哉！

注解：心如猛虎，肝如箭，言其勇猛直前也。脾气暴发似雷电，言其速且疾也。肺经翕张性空灵，言随机应变，敌人莫测也。肾其伸缩动如风，言其进退自如也。

其用为经，是作用不外经常之道，但经常之道须有变化，变化须有节制，故曰制经以意，意之所动，信手从心，操纵自如，欲求如此成就，须明生克制化，追求其中要领，其要领无他特殊，只是把五官百体锻炼成为一体，把四体三心合成一气，不必固守一经一络一支一节分割运用。

六要论

心与意合，意与气合，气与力合，内三合也；手与足合，肘与膝合，肩与胯合，外三合也。此为六合。左手与左足相合；左肘与左膝相合，左肩与左胯相合。右之与左亦然。以及头与手合，手与身合，身与步合，孰非外合？心与眼合，肝与筋合，脾与肉合，肺与身合，肾与骨合，孰非内合？岂但六合而已耶！然此特分而言之也。总之一动而无不动，一合而无不合，五行百骸悉在其中矣。

注解： 所谓合者，即前论所言："五行百体，总为一元；四体三心，合为一气"也。玩味本论，内外三合之外，又有其他三合，即整体全身、左右前后上下内外，无所不合也。

七要论

头为六阳之首，而为诸身之主，五官百骸莫不惟首是瞻，故身动头不可不进也。手为先行，根基在膊，膊不进则手却而不前矣，故膊贵于进也。气聚中脘，机关在腰，腰不进则气馁而不实矣，故腰亦贵于进也。意贯周身，运动在步，步不进，而意则瞠然无能为矣，故步尤贵于进也。以及上左必须进右，上右必须进左，其为七进。孰非为易于着力者哉。要之未及其进，合周身而毫无灵动之意；一言其进，统全体而俱无抽扯游移之形。

注解： 此论，言进则一身俱进也，因为视听言动根于五官，故以头为侦察之官，故先言头。在军事上贵得敌情，在武技也不例外，故先侦得敌情，而先行官随即出动。腰为主宰，气为辎重，步为根基，肩膊为之督促，左右为之救应，当其未动，则稳重如山，一旦发动，则周身灵运，只此一身，而有全军之势矣。

八要论

身法为何？纵横高低进退反侧而已。纵则放其势，一往而不返。横则裹其力，开括而莫阻。高则扬其身，而有增长之意。低则抑其身，有扑捉之形。当进则进，弹其身而勇往直冲。当退则退，敛其气而回转伏敛。至于反身顾后，后即前也。侧顾左右，左右岂敢当哉？而要非拘拘焉为之也。

注解： 言既进之后，则灵便身法，辗转变换，不可拘于成现，要在因势致宜。

察乎敌之强弱，运用吾之机关。有忽纵而忽横，因势而变迁，不可一概而推；有忽高而忽低，高低随时以转移，不可执格而论。时而宜进，故不可退而馁其气；时而宜退，即当以退而鼓其进。是进固进也，即退而亦实赖以进。若反身顾后，而后而不觉其为后；侧顾左右，而左右只不觉其为左右矣。

注解： 古有成言："兵不厌诈。"武术也是一样。又，兵法说："能而示之不能，用而示之不用，近而示之远，远而示之近。"此节与之颇为相似。

总之，机关在眼，变通在心，而握其要者，则本诸身。身而进，则四体不令而行矣。身而却，则百骸莫不冥然而退矣。身法顾可置而不论哉？

注解： 所谓机关在眼，是探得敌情，变通在心；是当机立断，尤要身为主宰，如将帅坐镇而督理全军也。

九要论

身之动也以步。步乃一身之根基，而运动之枢纽也。以故应战对敌，本诸身。所以为身砥柱者，莫非步。随机应变在于手，而所以为手之转移者，亦在步。进退反侧，非步何以作鼓汤之机，抑扬伸缩，非步无以操变化之妙。所谓机关者，在眼；变化者，在心。而所以转弯抹角、千变万化而不至于窘迫者，何莫非步为之司命耶！而要作勉强以致之也。

注解：此论言步。人只知手能打人，脚能踢人，若不有步法为之转移，伸手不能及敌人之身，抬脚自身先倾斜，故有马步、弓步、拗步、箭步、偷步、胯步、虚步、垫步等名词，要在步法变异，为图进手便利而已。

动作出于无心，鼓舞出于不觉。身欲动，而步为之周旋。手将动，而步亦为之催逼。不期然而然，莫之驱而驱。所谓上欲动，而下自随也。且步分前后。有定位者，步也；然而无定位者，亦为步。如前步之进，后步之随，前后自有定位。若以前步作后、后步作前，更以前步作后步之前步、后步作前步之后步，则前后亦自然无定位矣。总之，拳乃论势，而握要者为步。活与不活，固在于步；灵与不灵，亦在于步。步之为用大矣哉。

注解：步无定位或有定位，在于活便，不可强致，固在练习纯熟，用之活便。若心思滞缓，见机犹豫，亦与肢体滞涩同样。若求动作出于无心，鼓舞出于不觉，非心身敏捷不可。若能心思敏捷，则步法亦随之敏捷。步法敏捷，则身法、手法俱随之敏捷矣。

跋语

窃忆上古圣人之教下也，礼仪三百威仪三千，即犹居家家有严有慈，治国国有尝有罚也。家齐国治，天下宁有不平者乎！此无他，令之以文，齐之以武而已。

然人道之于文武也，必素有修持，非以信手拈来也，倘有人焉，信口成文，出手能武，则其于文武之道，浑然融贯矣。

昔有岳武穆者，文武大道之雄也，其人生平行为，报国以忠，事亲以孝，守身以节，待人以义，其所谓完人者乎。

近今余于武道中遇有陈君再实者，其人拾文则观其大略，于武则测其精微，藏有岳飞九要论，出以见示，且云将以出刊，并要余注解，余甚有愧焉，窃念余何人斯，敢附天骥之尾乎！辞不获已，勉为译言，至于深堂奥旨，曷敢窥其窍妙。因忆武穆高风，不禁远想长叹。又念孔子有言：圣人吾不得而见之，得见君子者，斯可矣。余则曰岳武穆吾不得而见之，得见《九要论》斯可矣，有感陈君之功也。为此跋语。

平平医人高式国

一九七八年三月

《形意秘鉴》

前 言

　　《形意秘鉴》这本小册子，是哈尔滨市有名的老中医、老武术家、八十高龄的李修政老师，于 1931 年抄于哈尔滨市形意拳老前辈杨永尉老师的笔记，并加上自己的学习体会而成。其内容对于练习武术有指导意义和参考价值。故翻印出版，作武术爱好者学习、研究之参考。

　　请武术界的同志们，都能积极主动地把武术方面的祖国宝贵遗产挖掘出来，加以整理，互相交流，使其免于失传。使中国武术更加科学化，在为"四化"服务和保卫"四化"过程中，起到应有的作用。我认为，这应成为我们全国武术界的一个共同希望和奋斗目标。这对我们地处祖国边疆的黑龙江省哈尔滨市尤为重要。

陈再实

一九八〇年一月

哈尔滨铁路局

内功经　卷一

序

内功得传，脉络甚真。不知脉络，勉强用之，无益而有损。

经

前任后督，气行滚滚。

注：任脉起于承浆直下阴前高骨。督脉起于尻尾直上，由夹脊骨过泥丸下印堂至人中而止。

井池双穴，发劲循循。

注：井者，肩井穴也，肩头分中。池者，曲池穴也，肘头分中。此周身发劲所也。

千变万化，不离乎本。得其奥妙，方以无垠。

注：本者，自然之真气，用功以得之方能悟其妙。

尻尾升气，丹田炼气。

注：尻尾，骨尽处也，用力向上翻起，真气自然即上升矣。

气下于海，光聚天心。

注：小腹正中为气海，额上正中为天心，形光于外也。脐下三寸为丹田穴也，用功时存元气于此处也。既明脉络，次观格式。格式者，入门一定之规也。不明格式，脉络亦空谈耳。

头正而起，肩平而顺，胸含而闭，背平而正。

注：正头起项项面神顺，肩活背式平正。胸含身微有收敛，此式中真窍也。

足坚而稳，膝曲而伸，裆深而藏，肋开而张。

注：足既动，膝用力，前阴缩，两肋开。

气调而均，劲松而紧。

注：出气莫令耳闻，劲必先松而后紧，缓缓以行之。

先吸后呼，一出一入。先提后下，一升一伏。内有丹田，气之归宿。吸入呼出勿使有声。

注：提者，吸气之时，存想真气上升至顶也。下者，真气落下也。伏者，觉周身之气渐小，坠入丹田也。

下收谷道，上提玉楼，或立或坐，吸气入喉，以意送下，渐至于底。

注：收者惧气泄也，提玉楼者提耳后之高骨也，使气往来勿阻碍也。不拘坐立，气自喉以达肺也，气虽聚于丹田，存想渐至于底方妙。既明经络、姿势，气窍再详解决。

通透穿贴，松悍合坚。

注：曰通，筋之顺也；曰透，骨之速也。通透往来无碍也，伸筋拨力以和缓柔软之意也。曰穿，劲之连也；曰贴，劲之络也。穿贴横竖连络也。伸筋拨力，刚坚凝结之意也。悍者刚之极也，气血结聚之谓也。松如绳之系，悍如冰之坚。曰合，劲之整一也；曰坚，劲之旋转也。合者，合周身之劲使之整一也。坚者，横竖斜缠之谓也。

按肩以练步，逼臀以坚膝，圆裆以固胯，提胸以下腰。

注：按肩者，将肩井穴之劲沿至涌泉。逼臀者，两臀极力贴住也。圆裆者，向内外极力挣横也。捉胸者，提前胸以坐腰也。

提颔以正项，贴背以转斗，松肩以出劲。

注：用力贴住两背骨，觉其劲自脐下而出，自六腑穴向外转出，至斗骨而回，出劲之时，将肩井穴之劲顺意松开自无碍矣。

横劲竖劲，辨之明白，横以济竖，竖以济横。

注：竖者肩至足底也。横者，两背与手也。自裆至足底，自膝至臀，是以腿而言之竖与横也。若以身而言，竖者自腋至二肩穴也，横者自六腑穴转头骨也。

五气朝元，周而复始，四肢元首，收纳甚妙。

注：吸气纳于丹田，升真气于头。一运真气，自裆下于足底，复上至外胯，升于丹田，复自于口降于丹田。二运真气，自背骨膊里出手，复自六腑穴转入丹田，一升一降，一下一起，一出一入，并行不悖，周流不息，久久用之，妙处甚多，练神气还本返原。

天地交泰，水升火降，头足上下，交接如神，静伸光芒，动则飞腾。

注：气胜，形性随意，意劲神，神帅气，气帅形，形随气，性调气。凡初入门者，每日清晨静坐，盘膝闭目，钳口，细调呼吸，一出一入皆从鼻孔，少时气定，遂吸一口纳入丹田，助以津液，则真火自降矣，但吸气时须默想真气自涌泉发出，升于两肋，自两肋升前胸，自前胸升脑后，渐升于泥丸。降气时须默想真气由泥丸自印堂，由印堂至鼻，由鼻至喉，由喉至夹脊，由夹脊透于前心，由前心沉于丹田，丹田气足，自然能从尾闾升于夹脊，而上于泥丸矣。周而复始，从乎天地循环之理也。

纳卦经　卷二

乾坤

头项效法乾，取刚健纯粹。足膝效法坤，取其镇静厚载。

注：凡出一手，先视虎口穴，前颏用力平正提起，直达提气穴，着力提住，由百会穴，转过昆仑，下明堂，贯两肋。其气由鼻孔泄时，即便吸入丹田。两耳各三寸六分，谓之象眼穴。用力向下截住，合周身全局。用之久，自知其妙也。凡一用步，两外虎眼极力向内，两内虎眼极力向外，委中大筋竭力要直，两盖骨竭力要曲，四面相交，合周身之力向外一扭，涌泉之气自能从中透出矣。

巽兑

肩背宜于松活，是乃巽顺之意；裆胯宜于紧靠，须玩兑泽之情。

注：塌肩井穴，须将肩顶骨正直落下，与比肩骨相合。曲池穴比肩顶骨略低半寸，手腕直与肩齐，背骨遂竭力贴住，此是竖劲不是横劲。以竖则实，以横则虚。下肩井穴，向背骶骨直至足底，故谓之竖。右背则将左肩之劲，自骨底以意送于右背，直送两扇门，故谓横劲，两劲并用而不乱，元气方能升降如意，而异顺之意得矣，裆胯要圆而紧，气正直上下不可前曲，不可后仰。两胯分前后，前胯用力向前，后胯用力向下，涌泉来时，向上甚大，两胯极力按之，阴阳两窍用力收拉，总以逢口相兑，外阴内阳互吞并为生。

艮震

胸要竦起，艮山相似，肋有呼吸，震动莫疑。

注：艮象曰，时行则行，时止则止，其义深哉。肋者，肋也，鱼腮也。胸虽出而不高，肋虽闭而不束，虽张而不开。此中玄妙，虽以口援，用力须以意出、以气胜、以神足，则为合式。非出骨劲也，用肋以呼吸为开闭，以手之出入为开闭，以身之纵横为开闭。高步劲在手足，中步劲在肋，下步劲在于背。自然之理也。

坎离

坎离之卦，乃身内之义也，可以意会，不可以言传。

注：心肾为水火之象，水宜升，火宜降，两象既济，水火相交，真气乃萃。精神渐长，聪明且开，岂但劲乎。是以善于拳者，讲劲养气，调水火，在此一定不易之理也。用功之时，塌肩井穴，提胸肋，反龟尾。欲神气上交于心也，须以意导之。下气聚劲练步，皆欲心气下达于肾也，亦须以意导之。

神运经　卷三　总诀四章

第一章　神运之法

练形而能坚，练精而能实。练气而能壮，练神而能飞。

注：因形势以为纵横之本，萃精神以为飞腾之基。故气胜能纵横，精神敛能飞腾。

第二章　神运之体

先明进退之势，复究动静之根。

注：进因伏而后起，退方合而即动，以静为本，故身虽疾，而心自锻。静之妙，当以内外呼吸之间。纵横者，劲之横竖、飞腾者，气之深微。

第三章　神运之用

击敌有用形、用气、用神之退速，被击者有仆也、怯也、索也之深浅。

注：以形击形，自倒后乃胜。以气击气，手方动而生畏。以神击神，身未动而得入。形受形攻，形伤而仆于地。气受气攻，气伤而怯于心。神受神攻，神伤而索于胆。

第四章　神运之意

纵横者，肋中开合之式，丹田呼吸之间。

注：进退随手之出入，去来任气之自然。气欲漏而神欲敛，身宜稳，而步宜坚。既不失于轻，复不失于重，探如鹰隼之飞腾，疾若虎豹之强悍。

地龙经　卷四

地龙真经，利在底功。
注：用腿足擦人胫部下节。

全身练的，强固精明。
注：气血精神练成一团随用。

伸可成曲，住亦能行。
注：伸屈自由，行住任我，何为不可？

曲如伏虎，伸比腾龙。
注：缩四肢，头伏，手腕上挺，起立如常。

行住无迹，伸曲浅踪。
注：上下伸缩，变化莫测。

身坚似铁，法密如龙。
注：不坚则乱，不密则失。

翻猛虎扑，搏疾鹰捉。
注：虎猛而鹰疾。

倒分前后，左右分明。

注：闪展腾挪使敌回不能顾。

门有变化，法无空形。
注：返侧仰伏，手足攻击，奥妙无穷。

前攻用手，二三门同。
注：攻前以掌当先，肩肘济之。

后攻用足，踵膝通攻。
注：下步用攻，以足当先。

远则进击，近则迎接。
注：凭裆要迅速。

大胯着地，侧身而成。
注：侧倒在地，用手轻按活动。

仰倒若坐，尻尾单凭。
注：以尻尾作转轴。

高低任意，远近纵横。
注：暗屈一足，着地即起。

四经简论　李修政

以上四经，为何人所写，何人所传，皆无从考查，或云姬隆风先生得自终南山，或云达摩先师所传，皆有可能。纷说不一，难以定论。然其对于武术则有原则性的指导意义。今将个人体会，分述如下。

一、阴阳兼修，动静并练

（一）静功——形意拳练气循行的道路和方法

内功经开首就提出了"前任后督，气行滚滚"的静功循环道路，以及"先吸后呼，一出一入"和"气调而匀""气下于海""下收谷道，上提玉楼，或立或坐，吸气入喉，以意送下，渐至于底"这些静功的练法和丹田气循行的途径，具体练法后述。

（二）动功——形意拳的姿势要求

1. 头项

"头正而起""提颏以正项""头项效法乾"，这些条文说明了头部练功时的要求，头在人体最上，所以说象乾（王）。要正直不斜，必须把颏部提向后上方。这样就能够头向上顶劲，项有竖动的意思。

2. 背、肩、胸、腰、肋

"肩平而顺，胸含而闭，背平而直""提胸以下腰""肋开而张"，要求两肩平顺，不要一高一低，前后活动须平而顺。背平而直，切忌背部弯曲成弓。胸含而闭，是要求胸要内含，不要挺胸。两肋要以肘护，但要张开而不能用肘靠紧肋部。

3. 裆胯膝足

"逼臀以坚膝，圆裆以固胯""膝曲而伸，裆深而藏""足坚而稳"。裆要圆而深，就是用力向后下坐，两足跟要站在中行线稍外方，不要站在中行线内方。这样就能做到圆裆固胯裆深而藏。臀要逼，膝要曲。臀逼是用力将臀部向上提起，这样做，膝也能坚而有力，从而使两足坚而稳。

二、再述有关重要的要求问题

"尻尾升气，丹田练气"这句话的意思是注意在练拳时，丹田要充实，尻尾要上提。拳经中尚有"常行久练丹田宝，万两黄金不与人"的说法。就是告诉我们在练拳时，须注意充实丹田，这是最根本的要求。"按肩以练步"凡练拳，要求手与足合，具体问题暂且不谈，先说出足时的要求：肩跟着足走。肘手是由肩力所催的。"井池双穴，发劲循循""劲松而紧""贴背以转斗，松肩以出劲""肩背宜于松活"这些说的都是用劲的松紧问题，就是说，在练功时，最主要的是要肩肘松开，不要用力，如此就可以形成所谓"沉肩垂肘"是也。"通透穿贴，松悍合坚"，通是顺的意思，透是快的意思，穿贴是连络的意思，松是松开不要用力，悍是要求用力如冰之脆，合坚是由松悍形成的最硬的劲。这一条很重要，说的是练动功特有的弹劲问题的要求，不过是单以松紧来说的。弹劲先松而后紧，就是由松韧转到悍紧，在先松后紧的过程中，需要通顺、快而连络，不能有任何的障碍，只有这样才能够先松后紧，合而成为硬的坚劲。在松紧上，以"膝曲而伸""曲如伏虎，伸比腾龙"来练弹劲那就全面了。

三、三种练法和三步功夫

（一）明劲练法是初步功夫

"练形而能坚，练精而能实"，初步功夫是以练外形为主的练法，就是要求身法姿势的练法。凡练一式，总要合乎以上说的各项要求，循序渐进，把身体各部的姿势固定下来，达到发劲自然，最后能运用自如，不想而行，不思而动，即所谓"拳无拳，意无意，无意之中是真意"也。练精和练形的道理是一样的，因为精是人体骨骼肌肉的基础，明劲练法练之日久，对人体而言首先是使得精足，而后筋骨肌肉坚且实。

（二）暗劲练法是二步功夫

"练气而能壮"这步功夫是在练明劲的基础上转向以练气为主的暗劲练法。以丹田为充气之本，而后贯注全身，以意领气，内外充实，练之日久，周身气足，气足则全身新陈代谢旺盛，各项功能亢进，能促进消化和呼吸，因此精气愈加充实，使身体不但坚实而且壮。

（三）化劲练法是三步功夫

"练神而能飞"这步功夫是在练精练气的基础上，转向练神，是以意递神，意所到之处即气到，气到即神至，练之日久，自然神气充实。神就是精神，人体精神充实，百病不生，内而促进身体百骸的功能，外而表现出精神饱满、行动轻松的姿态。运用此功夫时，意到神到，率领精气，所以形如飞状。

四、三步功夫击法之概述

"击敌有用形、用气、用神之迟速，被攻者有仆也、怯也、索也之深浅。"原注曰：以形击形，身倒后乃胜。以气击气，手方动而生畏。以神击神，身未动而得入。形受形攻，形伤而仆于地。气受气攻，气伤而怯于心。神受神攻，神伤而索于胆。"具体地说是，以形击形是明劲阶段，是外形击外形的一种方法，是用久经锻炼的有功夫的外形，就是完整而统一的外形，击未经锻炼的外形或者已经锻炼但未完整统一的外形，所以被击者形伤而倒于地也。以气击气是功夫已到暗劲，击时用气，被击者内脏被击震动，因而立即产生一种内脏如同过电般的难受感觉，所以说气受伤而生畏也。以神击神是说功夫已到化劲，因为用神，所以出入神速，快如疾风，形如闪电，被击者身未动而神受伤，精神受伤，故怯于胆也。

以上是四部经及李老师所写之心得体会，乃转抄于师兄张金荣处。恭录一份以呈李老师惠存。

小徒照春

一九七四年九月十七日

五行解

五行者，金木水火土也。内有五脏，外有五官，皆与五行相配。心属火，脾属土，肝属木，肺属金，肾属水。此五行之隐于内者。目通肝，鼻通肺，舌通心，耳通肾，人中通脾，此五行之著于外者。

五行有相生之道焉，金生水，水生木，木生火，火生土，土生金；又有相克之意焉，金克木，木克土，土克水，水克火，火克金。取相生之道，以为平时之习练；取相克之意，以为对手之破解。

五拳解

崩、钻、劈、炮、横，五拳之名称也。

崩拳形似箭，性属木。久练养肝。

炮拳形似炮，性属火。久练养心。

横拳形似弹，性属土。久练养脾。

劈拳形似斧，性属金。久练养肺。

钻拳形似闪，性属水。久练养肾。

由相生之说论之，横拳能生劈拳，劈拳能生钻拳，钻拳能生崩拳，崩拳能生炮拳，炮拳能生横拳。万物生于土，故横拳能生万拳。

由相克之说论之，故劈拳能克崩拳，崩拳能克横拳，横拳能克钻拳，钻拳能克炮拳，炮拳能克劈拳。

生克由赞：拳法意味本五行，生克里边意最精，学者要知真消息，只在眼前一寸中。（是说它的变化）

四梢说

人有血、肉、筋、骨，血肉筋骨之末端为梢。盖发为血梢，舌为肉梢，爪为筋梢，牙为骨梢，四梢用力则可变其常态，而令人慴畏焉。

1. 血梢

怒气填膺，竖发冲冠，血轮速转，敌胆自寒，毛发虽微，摧敌何难。

2. 肉梢

舌卷气降，虽山亦撼，肉坚比铁，精神勇敢，一舌之威，落魄丧胆。

3. 筋梢

虎威鹰猛，以爪为锋，手攫足踏，气力兼雄，爪之所到，皆可奏功。

4. 骨梢

有勇在骨，切齿则发，敌肉可食，骨裂目突，惟牙之功，令人恍惚。

八字诀

拳势一站，八字具备，皆所以蓄力养气，使敌我者失所措也。此亦五行拳所特有者。

1. 三顶

头上顶，有冲天之雄。手掌外顶，有推山之功。舌上顶，有吼狮吞象之容。是为三顶。

2. 三扣

肩扣则气力到肘，手背足背扣则气力到手，牙齿扣则筋骨紧缩。是为三扣。

3. 三圆

脊背圆则力催身，前胸圆则两肘力全，虎口圆则勇猛外宣。是为三圆。

4. 三毒

心毒如怒狸攫鼠，眼毒如捉兔之饿鹰，手毒如捕羊之饿虎。是为三毒。

5. 三抱

丹田抱气气不外散，胆量抱身临敌不乱，两肘抱肋出入不乱。是为三抱。

6. 三垂

气垂则气降丹田，肩垂则肩催肘前，肘垂则两肱自圆。是为三垂。

7. 三曲

两肱宜曲，曲则力富；两膝宜曲，曲则力厚；手腕宜曲，曲则力凑。是为三曲。

8. 三挺

挺颈则精气贯顶，挺腰则力达四梢，挺膝则气恬神恬。是为三挺。

分论——开势

五行拳用法最精密，由身而肩，而肱而手而指，而股而足，而舌而肛，莫不说焉，分列如下。

身：前俯后仰，其势不劲。左倾右欹，皆身之病，正而似斜，斜而似正。

肩：头欲上顶，肩需下垂。左肩成拗，右肩自随。身力到手，肩之所为。

肱：左手前伸，右肱在肋。似曲不曲，似直不直。曲则不远，直则少力。

　　手：右手在肋，左手齐心。后者微塌，前者力伸。两手皆覆，用力宜匀。

　　指：五指各分，其形似钩。虎口圆满，似刚似柔。力须到指，不可强求。

　　股：左股在前，右股后撑。似直不直，似弓不弓。虽有支绌，每见鸡形。

　　足：左足直出，欹则皆病。右足势斜，前踵对胫。三尺距离，足指扣定。

　　舌：舌为肉梢，卷则气降。目张发立，丹田愈壮。肌肉如铁，内坚腑脏。

　　肛：提起肛门，气贯四梢。两骻缭绕，臀部肉交。低则势散，故宜稍高。

　　1. 开势立正

　　站齐两脚八字形，立正双脚以齐并。两掌下垂手指翘，舌卷上卷口不闭。气往下垂站立停，眼目睁开向前观。

　　2. 开势钻拳

　　口令：右拳上钻口中出，小指翻上肘护心，左手阴拳肋下靠。

　　3. 开势劈掌

　　口令：左手钻，左拳前钻口中出，两拳对钻前后跟，脚手齐去阴掌落，前掌高低如心齐，后手阴掌肚脐靠。

五拳奥妙序

　　一进二退，三摇四转，五攫六回，七闪八躲，九走十足。进步是打，退步是化。摇步是闪，转步是躲。回手是败中取胜，闪躲是两边横走。打走是走功。舌尖上卷口不闭，能一气贯通，十足圆满一身，抱气落丹田。

第一踢

1. 劈拳谱

两拳似抱口中出，前拳上钻如眉齐。

后拳随跟紧相连，两肘抱肋如心齐。

小指翻上肘护心，两拳前钻舌尖顶。

脚手齐落后脚随，四指分开虎口圆。

前掌高低如心齐，后手阴掌肋下靠。

脚手鼻尖三尖对，舌尖上顶气下沉。

2. 劈拳打法序

劈拳打人往上钻，小指翻上如眉齐。

进步换势阴掌落，脚手齐落舌尖顶。

劈掌能生钻拳。

第二踢

1. 钻拳谱

前手阴掌往下扣，掌扣手腕向下横。

后手阳拳往上钻，拳往高钻如眉齐。

两肘抱心后脚起，眼看前拳舌尖顶。

钻拳换势身法动，前脚先走后脚随。

前手阳拳打鼻尖，后手阴掌肘下靠。

落步总要三尖对，前拳小指向下翻。

2. 钻拳打法序

钻拳进步打鼻尖，小指翻上手护心。

前掌扣腕向下横，进步掌翻打虎托。

钻拳能生崩拳。

第三踢

1. 崩拳谱

崩拳进步三尖对，舌尖上卷打肋边。

虎眼朝上如心齐，后手阴拳肋下靠。

前脚要顺后脚顶，后脚总要人字形。

崩拳翻身望眉出，身站正直右脚提，

脚起膝前紧靠膝，步落横脚向前踢。

脚手齐落剪子股，前脚要横后脚顺。

2. 崩拳打法序

崩拳打人舌尖顶，前掌攦肘往上托。

双步出拳先打肋，后脚是相紧随跟。

崩拳能生炮拳。

第四踢

1. 炮拳谱

两肘紧抱左脚提，左脚提起六七寸。

两手阳拳肚脐抱，前拳要横后拳顶。

两拳高低如脐齐，舌尖上卷拳外发。

拧身拳落拗步打，眼目睁开打肋边。

脚手齐落三尖对，拳打高低如心齐。

前拳虎眼往前顶，后拳上钻眉上靠。

2. 炮拳打法序

炮拳打人脚提起，落步前拳往上钻。

拳脚齐落十字步，后脚是连紧随跟。

炮拳能生横拳。

第五踢

1. 横拳谱

前手阳拳后手阴，后拳只在肘下停。

换势出拳脚提起，落脚右拳向上翻。

身法站立气下沉，舌尖上卷拳外发。

横拳后势剪子股，斜身拗步站立停。

右拳翻阳朝外发，左手阴拳肘下藏。

落势总要三尖对，里外前进两边闪。

2. 横拳打法序

横拳打人后拳阴，前手阳拳肘护心。

左右开弓往外拨，脚手齐落舌尖卷。

横拳能生劈拳。

五行拳变化谱——劈拳变化谱

进步劈拳

退步劈拳前手钻，后手随跟紧相连。

脚退手出一齐落，一左一右往后行。

摇身劈拳

摇身劈拳往外闪，右脚丁步往后退。

两掌对钻回过头，进步劈拳往前打。

转身劈拳

前掌攉手往里闪，后掌进步肘下出。

右脚里扣丁字步，转身劈拳进步打。

退步攉手劈拳

退步回身两掌攉，前手攉腕掌上钻。

后手攉肘紧随跟，一左一右往后退。

退步攉手膝外靠，以退以进劈拳打。

回身劈拳

往前一进不取胜，回身穿掌败势走。

回身劈拳打回头，左右开弓三角步。

摇身擺手劈拳

前手上钻往外闪，后手前钻紧相连。

前掌擺腕丁字步，后手擺肘往后退。

进步劈拳往前打，一左一右两边分。

转身擺手劈拳

左手擺腕往上钻，右手擺肘左脚迈。

拧身倒转回过头，进步劈拳打转身。

五拳变化一样步，左右开弓一般圆。

正根劈拳谱

进步劈拳身法动，前拳上钻小指翻。

后掌随跟紧相连，两拳前钻口中出。

形意八手虎掌谱

正根虎掌

进步虎掌两手提，两手阳拳抱肚脐。

左拳上钻如眉齐，右拳随跟紧靠腕。

落脚掌去托肋边，后掌随跟把肘尖。

退步虎掌

退步前掌缠腕随，小指翻上肘护心。

后手阴掌肘下出，退步翻掌托肋边。

摇身虎掌

摇手虎掌往外闪，丁步掌落向后退。

前手掩肘小指翻，后手阴掌肘下出。

掌翻脚落往前进，舌尖上卷打肋边。

转身虎掌

转身虎掌把身拧，前掌攞肘前脚跟。

后手阴掌肘下出，转身回头打虎托。

退步攞手虎掌

攞手虎掌往后退，一左一右向后行。

前手掩肘小指翻，后手阴掌肘下出。

进步翻掌打肋边，后掌卡肘舌尖卷。

回身虎掌

回身虎掌背后走，阳掌拗步往后穿。

转身掩掌肘护心，阴掌进步打虎托。

摇身攞手虎掌

攞手虎掌两边闪，前手攞腕阳掌去。

后掌攞肘往后退，进步掩肘打虎托。

转身攞手虎掌

转身攞手向里闪，前手攞腕后攞肘。

手攞脚方回过头，进步掩肘打虎掌。

换势外闪连三掌，右手攞肘左掌穿。

丹田论

欲使丹田之气力，发为绝技，必自练始。其法一在于聚，一在于运。

聚者，即八要中所谓舌顶、齿叩、谷道提、三心并诸法也。又必先去其膈膜，如心、肝、脾、肺、肾之五关，层层透过，一无阻拦。

运者，将聚于丹田之气力，由背骨往上，回注于胸，充于腹，盈于脏，凝于两肋，冲于脑顶。

练气说

八要者，形意拳术之母也。内以练气，外以演势。

一、内要提；二、三心要并；三、三意要连；四、五行要顺；

五、四梢要齐；六、心要暇；七、三尖要对；八、眼要毒。

桩法九歌

身

前俯后仰，其势不劲。

左倾右欹，皆身之病。

正而似斜，斜而似正。

望

头欲上顶，肩需下垂。

左肩成拗，右肩自随。

身力到手，肩之所为。

臂

左手前伸，右肱在肋。

似曲不曲，似直不直。

曲则不远，直则少力。

手

右手在肋，左手齐心。

后者前塌，前者力伸。

两手皆覆，用力宜匀。

指

五指各分，其形似钩。

虎口圆满，似刚似柔。

力须到指，不可强求。

股

左股在前，右股后撑。

似直不直，似弓不弓。

虽有支绌，每见鸡形。

足

左足直出，歙则皆病。

右足势斜，前踵对胫。

三尺距离，足指扣定。

舌

舌为肉梢，卷则气降。

目张发立，丹田愈壮。

肌肉如铁，内坚腑脏。

臀（肛）

提起肛门，气贯四梢。

两骽缭绕，臀部肉交。

低则势散，故宜稍高。

八字诀

拳式一站，八字俱备，皆所以养气，使敌我者失所措也。此亦五行拳所特有者。

一曰三顶

头（脑后骨）向上顶，有冲天之雄。头为周身之主，上顶则三关通，肾气因之上达泥丸以养性。

手掌外顶，有推山之功，则气贯周身，力达四肢。

舌上顶，有吼狮吞象之容。能导上升之肾气下行，归入丹田以固命。

二曰三扣

两肩要扣，则前胸空阔，气力到肘。

手背足背要扣，则气力到手，桩步力厚。

牙齿要叩，则筋骨紧缩，气势英勇。

三曰三圆

脊背要圆，其力催身，则尾闾中正，精神贯顶。

前胸要圆，则两肘力全，心窝微收，呼吸通顺。

虎口要圆，勇猛外宣，则手有裹抱力。

四曰三敏（毒）

心要敏，如怒狸攫鼠，则能随机应变。

眼要敏，如捉兔之饿鹰，能预察机宜。

手要敏，如捕羊之饿虎，能先发制人。

五曰三抱

丹田要抱，气不外散，击敌必准。

胆量要抱，遇敌有主，临敌不乱。

两肘抱肋，出入不乱，遇敌无险。

六曰三垂

气往下垂，则气降丹田，身稳如山。

两肩下垂，则臂长而活，肩催肘前。

两肘下垂，则两肱自圆，能固两肋。

七曰三曲

两肱宜曲，弓如半月，则力富。

两膝宜曲，弯如半月，则力厚。

手腕宜曲，曲如半月，则力凑。皆取其伸缩自如，用劲不断之意也。

八曰三挺

颈项挺，则头部正直，精气贯顶。

腰脊挺，则力达四梢，气鼓全身。

膝盖挺，则气恬神恬，如树生根。

练形意拳的目的，不外三事：一曰保精；二曰积气；三曰凝神。精气足则可以无病，可以强壮，可以成铁汉。

九转纯阳功

一、日间练法

1. 用劈拳练"调息功"

用劈拳练"调息功"，促进脏腑的气化作用，加强四肢筋骨肌肉的活动量，防止肌肉萎缩。

2. 用鲐形练"炼气化神功"

用鲐形练"炼气化神功"，动作轻柔、灵活，头顶项竖，有如行云凌空，宽广无际；脚步轻灵，腰身舒展，如在水中浮游；动作神化自如，时刻注意长筋腾膜，扩大五脏的活动范围和能量。吸气时要更多地注意脊髓上升，自觉身体轻灵，似在羽化而登仙之状态中。

3. 练龙行步

努力练龙行步，柔和缓慢者练金鸡独立。起如伏龙升天，进步下蹲落如霹雷盖地，可使全身筋骨得到锻炼，特别是两条腿。

二、晚间练法（九转纯阳功）

首先仰卧在硬板床上，清除一切杂念，全身放松，心平气和地练"炼气化神功"（做法见前）。

1. 第一转

（1）双手用二、三、四指，按上脘穴顺时针画 30 个圆圈，移至肚脐画 30 个圆圈，再移至丹田画 30 个圆圈，共画 90 圈。

（2）用双手中、食二指，按在腹股沟的气冲穴上，随吸气向下按、向上拘，同时大趾上挑，足跟下蹬，膝盖骨尽力往后绷劲，使腘窝肌拉长，大小腿上的肌肉群统统紧缩，兴奋起来。肛门上提，尾椎骨上翻。头顶项竖，眼能看到足尖、鼻尖，后脑和尾椎骨上下垂直，地阴和天阳相会。

呼气时，首先把手指放松，足趾下降，同时松肩，注意肩井穴往外放气；肘关节放松，注意曲池穴往外放气。

呼气完后可自由呼吸一、二次，如此接连呼吸 30 次。再将两手掌按在丹田上，顺时针由左向右画 30 个圆圈；第二个 30 圈要逆时针由右向左转；第三个 30 圈从上向下按。做完第三次后则觉足心、两条腿发暖，痛苦减轻，腹部冷气部分放出，气痞病有所松动。

2. 第二转

双掌按在关元穴上，向下直推至高骨（中极穴），往返 30 次。移至左边的大横穴上往下推，经水道穴直推至腹股沟，接连画 30 圈。再移至右大横穴上往下推，经水道穴直至腹股沟，连画 30 圈，是为二转纯阳法。

这时两腿两足和小腹都有温暖舒适之感，松动柔和，出现放屁、打嗝儿现象，郁气逐出体外，气痞大部散开，有活血化瘀、消炎止痛的良好效应。

我个人因下焦病患较多，故增加了按气冲穴的动作，借以增加"温中驱寒"的作用，以使食积、气病早些去除。

3. 第三转

双手四指按在中脘穴上直往下推，手指肚推到肚脐时，正好拇指按在中脘穴上，将意念移至拇指继续下推，直至中极穴，再推至中脘穴，连续做 90 次。

这个动作较费力，我用滚桶代替手推：用右手握住桶把，左手助之。滚桶较为省力，轻松自然。

4. 第四转

双手四指按在胸口偏左的脾脏上，顺时针连画 30 圈，移至大包穴画 30 圈，再移至天枢穴画 30 圈，共 90 圈。

5. 第五转

双手四指按在胸口右侧肝脏左前叶上，顺时针画 30 圈，移至期门穴画 30 圈，再移至章门穴画 30 圈，共 90 圈。

6. 第六转

左手掌按在右边云门穴上，经乳中、期门、天枢、水道直摩至气冲穴，接连往返 90 圈。

7. 第七转

右掌按在左边云门穴上，经乳中、期门、天枢、水道直摩至气冲穴，接连往返 90 圈。

8. 第八转

穿好上衣，端坐在硬板床上，臀部垫高一些，盘腿而坐，左腿在右腿上，两足心均朝上。双手拇指掐住食指梢节，手心朝下，轻轻地扶在左右膝盖上。然后头和上身腰部完全放松，由左前角向下垂，然后由右前角逆时针向左前、左后画 1 个整圈，连画 90 圈。

9. 第九转

与第八转相反，右腿在左腿上，顺时针接连转腰画 90 圈。

穿衣下床，弯腰，双手心搓热，按摩腰眼、命门穴 90 次，起立前走七步，后退七步，收功。

这一功法能推散腹中食积气痞并驱邪气出体外，调气降逆，扶正祛邪，恢复脏腑的气化功能，培元固本，温中驱寒，活血化瘀，消炎止痛，可强心补肾，健脾和胃，舒肝理肺，确为老年人和多病之人的良师益友。

此功用"九"数，系据《河图》《洛书》所定。练此功要根据病情的轻重缓急而定次数。做完 90 次，病情仍未见明显好转，可随意增加，以病痛消失为宜。

五禽戏

第一节（上山虎～斜飞鹤）

（一）上山虎

歌曰：虎势威猛，目光炯炯，振颤臂膀增脏腑。

左动：自然站立，左腿迈出，与右腿相距一脚远，成屈直步。右臂自右后方从头顶抡向前方，手成虎抓形，腕稍弯，与头平，掌心向下；左臂向后，掌心向上，左臂用力颤动两下，右臂借此力向前伸缩两下。（附图 1）

附图 1

（二）仰脖鹿

歌曰：仰脖举臂，稳健行进，边走边乐，能健腰肾。

左动：自然站立，左腿迈出，与右腿一步远，成虚实步。头向后倾，右臂上举，中指尖与头平，目视距鼻一拳的掌心；左手放后，与腰相距一拳，掌心向外。自然仰脖挺胸。（附图2）

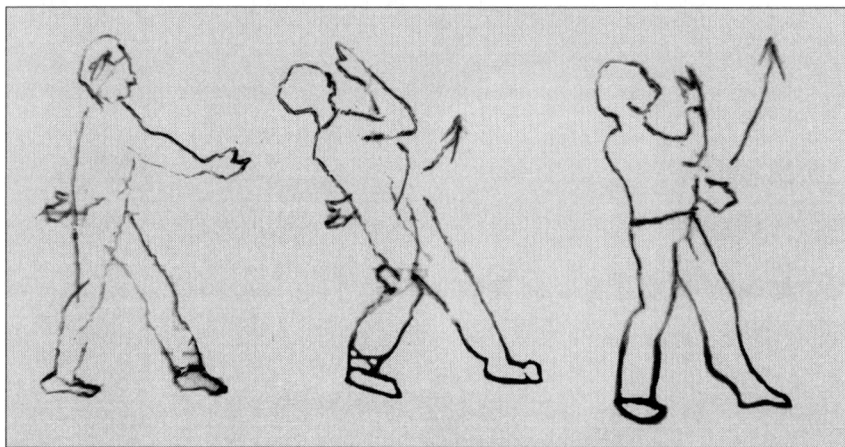

附图2

（三）双臂猿

歌曰：屈肘抱臂，扭力后望，频频闪躲，眼脑灵活。

左动：左脚向右跨步，脚尖外斜。两臂屈曲抱肘，两手握拳于太阳穴。头转向左前方，两腿下蹲。同时，两手伸开，掌心相对，指尖与头平，眨眼三下为动视。（附图3）

（四）单臂熊

歌曰：抗豹斗虎，斜胯推攀，上虚下实，沉稳轻灵。

左动：自然站立，左腿迈出，右腿横站成斜马步。两臂夹紧，左手伸出，掌心向下，浮于右腿上方一拳高；右手贴于右胯旁，指尖下垂。两眼平视。（附图4）

（五）斜飞鹤

歌曰：展翅斜飞，高空翱翔，肢体上蹲，可理三焦。

附图 3

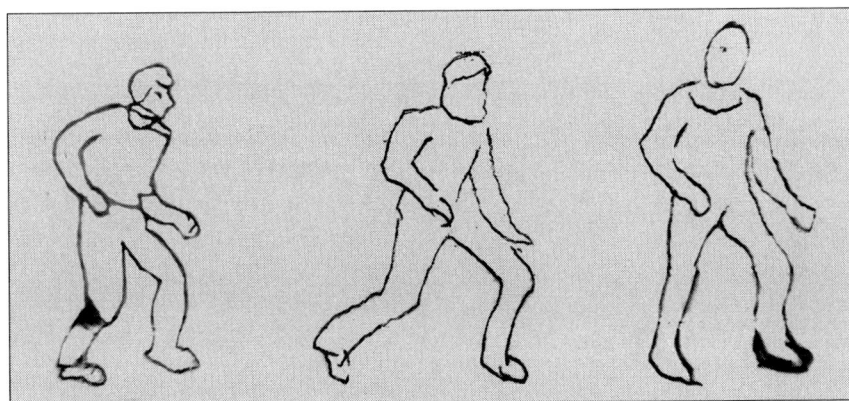

附图 4

左动：自然站立，左腿向右跨，成扣膝步。两臂举胸前交叉，屈膝下蹲翻掌，左手心向外，横于前额，距额 10 厘米；右臂于后，手心向外，距腰一拳。扭身右看成斜平脸。（附图 5）

第二节（寻食虎～平飞鹤）

（六）寻食虎

歌曰：稳步留神，低头寻食，扑食扭力，强视前方。

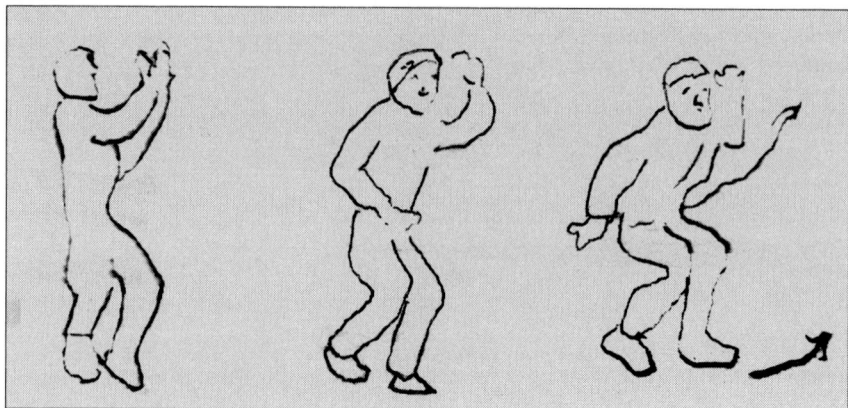

附图 5

左动：自然站立，左腿向右跨步。右手向上方画弧，横于前额，掌心向下，距一拳远；左手横于后腰，掌心向上，距腰一拳。身向左扭动，眼看右脚跟，同时抬头，强视片刻，形似虎寻食。（附图 6）

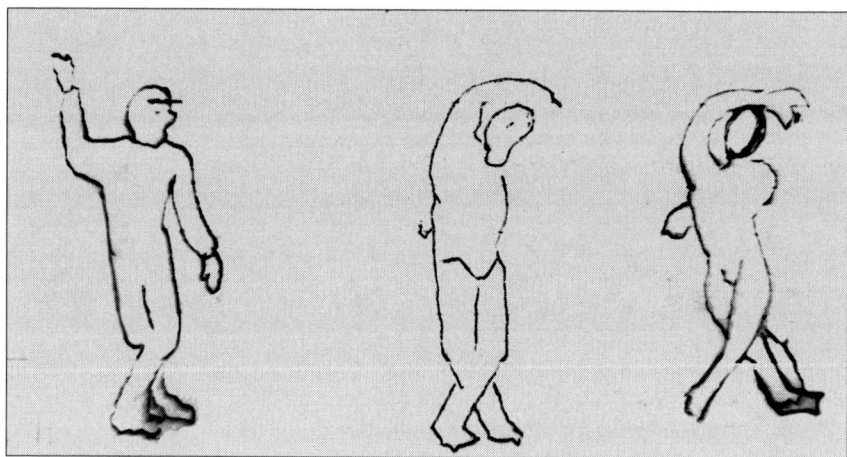

附图 6

（七）缩脖鹿

歌曰：屈腿缩脖，伸臂斜视，轻灵奔走，理气补肺。

自然站立，左腿迈出，脚轻轻落地；右腿弯曲，成屈直步。右臂由背后伸于前方，掌心向左，拇指高与鼻平；左臂于后，拇指向下，掌心

向右。沉胸缩脖，眼为横视。（附图 7）

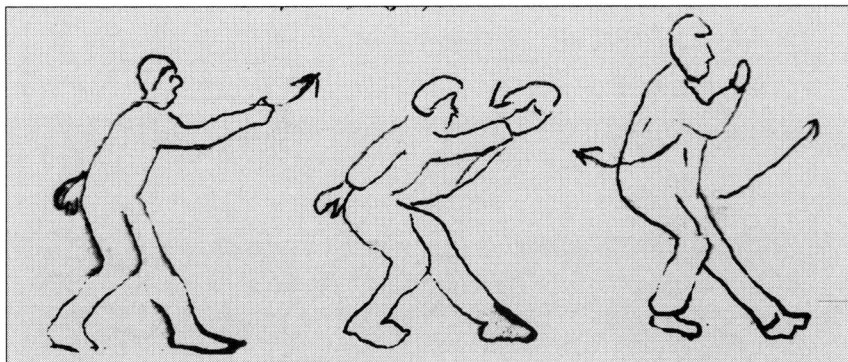

附图 7

（八）摘果猿

歌曰：头斜上看，两手摘果，动作敏捷，可除麻木。

自然站立，左脚迈出，脚跟提起，脚尖点地，右腿微屈提步。左臂紧贴乳房下，指尖下垂；右臂弯曲，上抬右手，从脑后绕于前额，拇、食、中指拢成摘果式。眼动视。（附图 8）

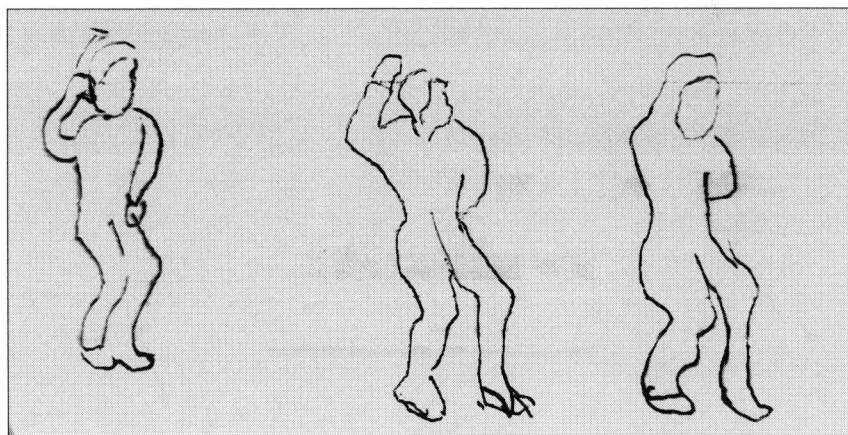

附图 8

（九）双臂熊

歌曰：步伐稳重，双掌下按，慢运托，收腹甩臂。

自然站立，左腿迈出，腿尖里扣，起动收腹，左甩胯，右腿前弓，成斜马步。两大臂夹紧小臂伸平，双手浮于左膝上，掌心向下距膝一拳高。眼平视。（附图9）

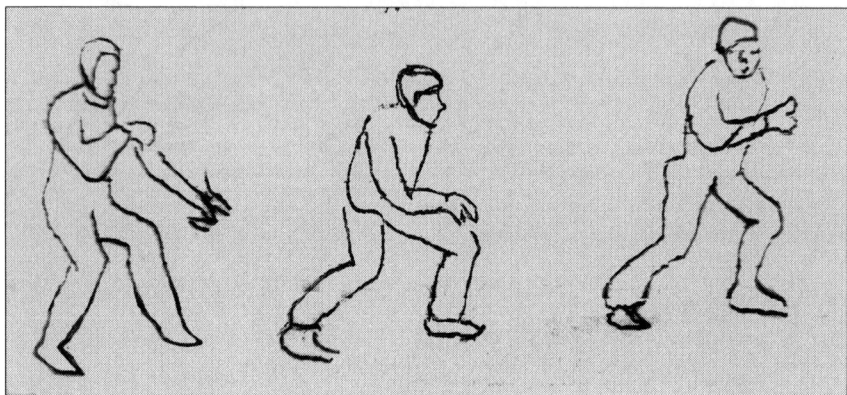

附图9

（十）平飞鹤

歌曰：高飞远征，两臂为扇，运肢练臂，补肾归经。

自然站立，左腿蹉曲，脚轻轻迈出，平放于地，右脚屈弯成鸡步。两臂平伸，腕部弯曲，指尖下垂，如撬上提，两手伸平，同时下按。头随腿向左摆动，眼环视。（附图10）

附图10

第三节（下山虎～旋飞鹤）

（十一）下山虎

歌曰：高路密林，实步向前，勇猛下山，两爪生威。

自然站立，左腿向后跨步，两腿下蹲。左手放于两腿之间，右手穿背插下。左翻掌，掌心向下，于左膝前停片刻。眼强视。（附图11）

附图 11

（十二）长跑鹿

歌曰：鹿喜长跑，疏通血脉，运动尾闾，可除疾病。

自然站立，左脚起步踢出，上体前倾，脚掌距地一拳；右腿微屈成剪子步。右臂前伸，手腕弯曲，指尖下垂与头平；左臂于后，距腰一拳，指尖向上。眼斜视。（附图12）

（十三）望月猿

歌曰：眼望明月，动中求静，舒展关节，可除眼病。

自然站立，右腿起动，脚尖点地，脚掌向外成撇脚步。身子向右后倾斜，左臂贴于肋间，指尖下垂；右臂屈曲上举，五指并拢贴于眉梢，指尖与头平。眼看左上方成望月式。（附图13）

（十四）摇臂熊

歌曰：走路软塌，两臂后摇，舒经活血，能消肩伤。

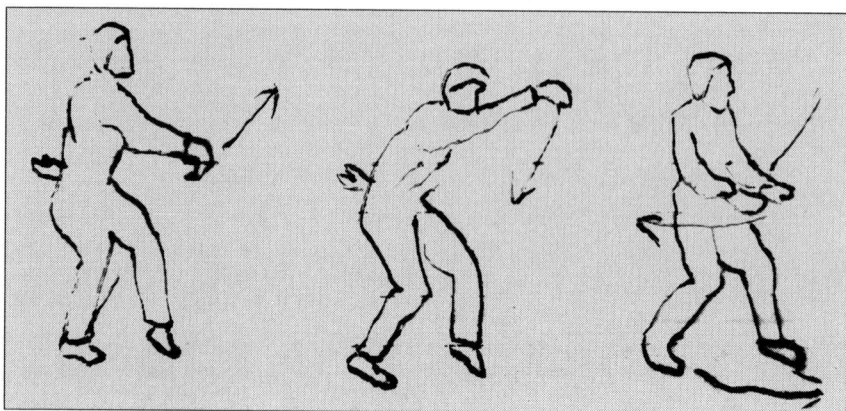

附图 12

附图 13

　　自然站立，两腿微屈，胸向前倾，两脚成提跟步。两臂屈曲，上与肩平，掌心向下，距下颌一拳。先迈左腿，摇左臂，用两脚掌走路。眼随臂摇方向平视。（附图 14）

（十五）旋飞鹤

　　歌曰：伸臂出腿，开胸理气，活动全身，动中求静。

　　自然站立，左腿伸出一步远，脚掌轻轻着地，右腿微曲，成屈直步，两臂由下甩向前方。掌心相对，停片刻，接着翻掌，掌心向外，两臂左右分旋以弧形画向背后，掌心向上，同时左腿弓，右腿蹬，背挺胸。眼

环视。（附图 15）

附图 14

附图 15

第四节（四头虎～翔飞鹤）

（十六）四头虎

歌曰：虎惊回头，龇牙咧嘴，强筋怒视，扭腰后坐。

自然站立，左腿迈出，脚尖略里扣，为屈直步。两手成抓形，右臂向左平行画弧，横屈于前额，与头平，掌心向下，距额一拳；同时，左臂弧形后画，横于腰后，掌心向外，距腰一拳。身扭力左转，面部斜形，龇牙咧嘴，张口伸舌。眼强视。（附图16）

附图16

（十七）伸脚鹿

歌曰：伸脚后坐，开裆补肾，精气存身，可除劳伤。

自然站立，左腿迈出，右腿横站成弓步。两手穿掌，掌心向上，左手右翻掌，右手左翻掌；同时左臂下按，右臂向后。左腿伸直，右腿下蹲。右手浮于膝上，距膝一掌高，左手拍左脚背三下。（附图17）

附图17

（十八）献果猿

歌曰：轻灵躲闪，双手并拿，左动右转，弓步献桃。

左动：自然站立，左腿向左前方跨出一步，右腿跟随并拢，成屈曲步。两臂由外向内画弧，两手虎口相对，手指并拢成取物式。

右动：接左动，右腿向前方跨出一步，左腿跟随并拢，成屈曲步。两臂由内向外画弧，两手经腋下并掌，手托向前送去，呈献果式。（附图18）

附图18

（十九）晃背熊

歌曰：屈肘晃背，两目平视，挺胸拔背，可健肾腰。

自然站立，上身挺直，两大臂夹直，小臂上提，腕部弯曲，手指下垂。两腿屈曲成平脚步，先迈左腿，平足前进，边走边晃脊背，头向左摆动。眼平视。（附图19）

附图19

（二十）翔飞鹤

歌曰：凌空环视，沉吊腑脏，鹤立如松，慢步探身。

自然站立，左腿迈出直立，右腿弯曲向后提足。两臂胸前交叉，身子下弯前探；两臂左右平伸，掌心向下。右腿屈曲，脚掌向上。抬头沉颈，停立延时。眼环视。（附图20）

附图20

老年保健功

编著：古岱峰

一、床上八段锦

锦是用不同颜色的丝织成的丝织品。古人把他们创造的保健动作比作美观悦目、五颜六色的锦；又因保健动作有八段，所以称之为八段锦，含有动作简练而效用显著之意。

八段锦历史悠久，分为站式八段锦和坐式八段锦。床上八段锦属于坐式八段锦，其特点是以按摩动作为主。

1. 姿势

床上八段锦可以坐在床上做，也可以坐在椅子上做，还可以卧着做，可以因时因地因人制宜。但无论是坐着或卧着做，最好都裸体进行（或裸露上体、四肢进行）；穿着衣服做效果比较差。

如果平时坚持锻炼，由春夏坚持练到秋冬，而且身体健康情况好，则在寒冷时仍应坚持裸体坐着做。这样做，不仅能收到按摩之效，而且还能起到一定的空气浴作用。如果平时缺乏锻炼或身体健康情况不好，不能适应寒冷的刺激，则可以躺在被窝内做。不过，这时有些动作不能做，或做不好（如搓脚心、浴腿等）。但这也无妨，只要做，即可产生一定效用。坐或卧要根据个人健康情况而定，不可勉强，否则会引起感冒等病，对身体反而不利。

卧着做时，头部功法要仰卧抬着头做；搓脚心要穿好衣服坐起来补做；搓腰眼功则可侧卧，轮流用手搓。

2. 意念

在坐好或仰卧好以后，即排除杂念，耳不旁听，目不远视，心静神凝，意守肚脐。所谓意守肚脐，即只想着肚脐那个地方，别处一概不想。肚脐位腹中部，而腹部是脏腑杂聚之所，因此意守此处，作用甚大。

3. 呼吸

姿势和意念调整好之后，即可进行几次深长呼吸。呼吸是用自然的腹式呼吸进行的。

腹式呼吸主要有两种：一种是吸气时腹部凹下，同时胸部外鼓，这叫作逆式腹呼吸；另一种是吸气时腹部凸出，同时胸部内缩，呼气时则腹部内收，这叫作自然的腹式呼吸。这两种腹式呼吸都可用，但开始时最好用自然的腹式呼吸，因为逆式腹呼吸比较激烈。身体好的人也可以两种呼吸法混合着用（每次练功时先用逆式腹呼吸，后用自然的腹式呼吸，或这次用自然的腹式呼吸，下次用逆式腹呼吸）。

呼吸时用鼻吸气，同时舌舔上腭（似念"而"字音时的口型）；用口呼气，同时舌放下。如此呼吸八九次（一呼一吸为一次，以下同此）。呼吸时，要逐渐做到悠缓细匀，绵静细长，以舒适自然，轻松愉快为度。

初练此功时，可以先呼吸三至五次，然后量力逐渐增加次数。如愿多练，还可以每天增加三次，逐渐增加到每次练功呼吸八十余次。但在增加次数时，必须根据个人身体健康情况循序渐进；特别是体弱和多病的人，增加次数更应慎重，否则呼吸时横膈肌上下激烈起伏运动，可能伤及内脏。

呼吸时，要求室内空气新鲜。如果室内空气不新鲜（如冬季来不及换气），则可以暂不做深呼吸，而直接做八段锦动作。做完动作，穿衣起床后，再到空气新鲜的地方补做。

深长呼吸做完以后，在做床上八段锦或床下六段功时，呼吸始终要保持自然，不必用意指挥。

4. 动作

深呼吸做完之后，即可做床上八段锦。为了便于描述，床上八段锦分成八段，但在实际做时可把这八段功混合起来，从头到脚做下来，只要动作和要领正确即可，顺序不拘。各段功之间有些间隙（譬如穿衣下地等）也是可以的。一般做功的顺序是：深呼吸、浴手、浴臂、浴头、浴眼、浴鼻（同时叩齿、鼓漱）、鸣天鼓、旋眼睛、浴胸、揉腹、搓腰眼、浴腿、浴膝、搓脚心，然后可以做床下六段功。这个顺序是按从头到脚的次序编排的。这样做久了，不假思索，就能按着顺序做下来。如有洗脚习惯，在洗脚后，立即做搓脚心功，则效用更大。

本书所介绍的各种功中，大致规定了一些次数，但根据我多年实践经验，次数可依个人具体情况自行规定，可多可少，以做完功后全身觉得舒适为度。

《保健按摩》一书出版后，根据读者反映，有些人因病而着重单独练某一功或加做某一功，均收到了良好效果。例如，有人鼻涕多，就经常加做浴鼻功，不是做十几次或几十次，而是做几百次；又如有人腰痛，则加做搓腰功，加做到五百多次；又如有人臂痛、患耳疾或眼疾，加做相应的功，也都收到了良好的效果。这是这本小册子出版以后读者们使用的经验。这种经验虽然在古代文献上有所记载，但尚待大家通过实验来证明其效验和具体用法（例如，究竟什么疾病适合用此功治疗，尚需同医生商榷而定，不能一概而论）。

按摩动作用力轻重，可因人而异。例如，体瘦、体弱者，用力可以轻些，体胖、体壮者（尤其是肌肉发达者），则应适当加重用力。按摩以后，如果觉得舒适、轻松，则用力程度就算是合适。总之，不宜用力过小，致无感觉，但也不宜用力过大，伤及皮肤。为了便于每天做功，在每天晚上临睡前应该洗脸洗手，平时还应经常保持全身皮肤清洁，否则皮脂和污物等堆积在皮肤上，有碍按摩的进行。若手上或身上有汗，应该用毛巾擦干后再进行按摩。

有冷水浴习惯的人，应在冷水浴之后进行按摩，因为按摩之后人体常会微微出汗，此时不宜进行冷水浴。

第一段　干沐浴

这段功为便于掌握又分为八小段。这段功有促进血液循环、畅通经络脉路的功效，能灵活四肢关节，加强肠胃蠕动。做完这段功之后，会感觉全身舒适，精神爽快，能收到较为显著的保健效果。

（1）浴手——两手合掌搓热，左手紧握住右手背用力摩擦一下；接着右手紧握住左手背摩擦一下，如是相互摩擦十余次（一左一右为一次）。（附图21）

附图21

根据中医经络学说，手三阳经是从手走向头，手三阴经是从胸走向手。手是手三阳经和手三阴经的起止点，所以干沐浴先从手做起。摩擦手，能使手部气血调和，十指灵敏，有助于经络畅通，便于以后做功。

（2）浴臂——右手掌紧按左手腕里面，然后用力沿臂内侧向上擦到肩膀；再翻过肩膀，由臂外侧向下擦到左手背。如此往复擦十余次（一往一复是一次）。然后换用左手如上法擦右臂十余次。（附图22、附图23）

臂部有三个重要关节，正当经络脉路的要道，故稍有不适，就会影响全身活动。浴臂功能促使关节灵活，防止关节发炎，并能通经活络，防止膀臂酸痛。

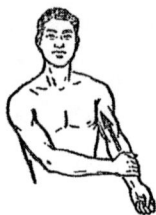

附图 22

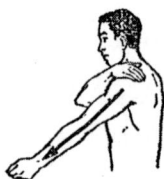

附图 23

患寒臂痛者，可加做此功，次数可增加到几十次，甚至几百次，疗效比较显著。但因感染而臂部热、肿、痛者，不可做此功。

（3）浴头——两手掌心按住前额，稍用力向下擦到下颌，再翻向头后两耳上，轻轻擦过头顶，还到前额，此为一次。共擦十余次。（附图24、附图25）

附图 24

附图 25

接着，用十指指肚或指甲均匀地轻揉整个头部的发根十到二十次。然后用两拇指由太阳穴附近向头上部捋；捋至头顶后，五指靠拢向下捋，捋到项部，算作一次。这样捋十余次，有助于降低血压。如血压过高，可加捋 30~70 次。（附图26、附图27、附图28）

附图 26

附图 27

附图 28

　　头为一身之主宰，按照中医理论，头是诸阳所会，百脉所通，因此要特别注意加以养护。浴头功可以促进诸阳上升，使百脉调和，气血不衰，故久做浴头功的人至老面色仍红润，不生皱纹。

　　毛发的毛囊和血管末梢相连接，轻轻揉头皮能改善头部末梢血液循环，有助于防止脑溢血，又能引血上行，克服脑贫血等症。又由于揉头皮能直接活跃生理机能，所以常揉头皮还有可能使发落重生。

　　（4）浴眼——两手轻握拳，两拇指弯曲，用拇指背分擦两上眼皮各十余次。（附图29）然后用两手拇指分按两侧太阳穴旋转揉动十次，再向相反方向揉动十次；最后，用右手拇指和食指捏住两眉头中间部位，揪十余次，与此同时，用左手从后头发际向下捋到项部十余次；换手同上动作十余次。（附图30）

附图29　　　　　　　　　　附图30

　　按照中医理论，眼的功能同五脏有关，所以有肾病的人，其瞳子多昏暗。浴眼可使眼部气血畅通，肌肉保持弹性，到老年也不发生眼睑下垂现象。此外，浴眼对预防近视和远视也有一定的作用。

　　太阳穴附近毛细血管非常多，揉动此处可以通经活络，抵抗风寒侵袭；揉后感觉特别舒适，有助于治疗头痛、头晕。揪两眼中间部位，可使眼内虚火外泻，有助于防止眼疾。

　　（5）浴鼻——两手拇指微屈，其他四指轻握拳，用拇指背沿鼻梁骨两侧上下往复用力各擦十次（上擦到眼下部，下擦到鼻孔侧）；冬天或天气骤冷时摩擦次数可增至三十次。擦鼻时，两手可以一同向上或向下擦，也可以一手向下，另一手向上交叉起来擦。一上一下为一次。（附图31）

附图31

擦鼻两侧，可使鼻腔血液畅通，温度保持正常，从而可使吸进的空气变温，减轻冷空气对肺脏的刺激，有助于免除咳嗽，防止感冒。据许多人反映，练此功确有助于防止伤风。

（6）浴胸——先用右手掌按右乳部上方，手指向下，用力推到左大腿根处；然后再用左手从左乳部上方以同样方法用力推到右大腿根处。如此左右交叉进行，各推十余次。（附图32、附图33）

附图32

附图33

此功卧着做时，可先以右手按左乳部，手指向上，用力擦到右大腿根部；然后左手按右乳部，手指向上，用力擦到左大腿根部；一左一右为一次，可擦十余次。

附图34

（7）浴腿——两手先紧抱一侧大腿根，用力向下擦到足踝，然后擦回大腿根。如此上下来回擦十余次（一上一下为一次）。两腿擦法相同。（附图34）如感觉这种擦法不便，也可大腿小腿分开来擦。

腿是负担上体的骨干，有三个关节，且是足三阳经和足三阴经的经络要路。因此，浴腿功可使关节灵活，腿肌增强，有助于防止腿疾，增强步行能力。

（8）浴膝——两手掌心紧按两膝，先齐向外旋转十余次，后齐向内旋转十余次。（附图35）如遇膝部不舒适，可用两手齐揉左膝几十次，再齐揉右膝几十次。如此用力揉擦，收效较大。

附图35

膝关节在人体活动时承受重量最大，而且多横纹肌和软骨、韧带组织，血管分布较少，故最恶湿怕寒，也容易发生劳损。如能经常左右揉擦，可增高膝部温度，驱逐风寒，灵活筋骨，从而增强膝部功能，有助于预防关节炎等难治之症。

第二段　鸣天鼓

两手掌心紧按两耳孔，两手中间三指轻击脑后枕骨部十余次。

然后，掌心掩按耳孔，手指紧按脑后枕骨部不动，再骤然抬离，如此连续开闭放响十余次。（附图36、附图37）

附图36　　　　　　　　　　　附图37

最后，两中指或食指插入耳孔内转动三次，再骤然拔开，这算做一次。这样共进行三至五次。（附图38、附图39）

附图38　　　　　　　　　　　附图39

枕骨内是十二经络中诸阳经的聚会之所，又是小脑所在部位，故轻击枕骨可清醒头脑，增强记忆，特别是在早起或疲劳之后轻击枕骨，效果更为明显。

两耳内有前庭等神经直通大脑，故通过开闭使两耳鼓膜震荡，可以加强听觉，预防耳疾。

第三段　旋眼睛

端坐凝神，头正腰直，两眼向左旋转五六次，然后向前注视片刻；再向右旋转五六次，前视片刻。

此功看起来非常简单，左右旋转不过数次，效用似乎不会太大。但经验证明，只要朝夕认真做两遍，久久习练，是会收到意想不到的良好效果的。

第四段　叩齿

先心静神凝，口轻闭，然后上下牙齿互相轻轻叩击三十余次。

牙齿不仅是骨的末梢，同筋骨有直接关系，而且同胃、肠、脾、肾、肝等内脏活动也有密切联系。因此，经常行此功，可以坚固牙齿，促进消化系统的功能。

第五段　鼓漱

闭口咬牙，口内如含物。用两腮和舌做漱口动作，漱三十余次。漱口时，口内多生津液（唾液）。等津液满口时，分三口慢慢咽下。初练时可能津液不多，久练自增。

此功可使口内多生津液，以助消化。生理学研究早已证明，唾液有解毒、免疫和帮助消化的功能。古人非常重视津液的作用，因此造字时取意"舌上的口水"为"活"字，这是很有道理的。

第六段　搓腰眼

两手对搓发热以后，紧按腰眼，用力向下搓到尾闾部分，然后再搓回到两臂后屈尽处，这是一次；用力搓三十余次。（附图40）

附图40

　　腰眼位居带脉（即环绕腰部的经脉）之中，是肾脏所在部位，最喜暖恶寒。用掌搓腰之后，肌肤势必发热，不仅温暖了腰眼，而且可以增强肾脏功能，疏通带脉。久练到老，可使腰直不弯，并且可防腰痛。有人腰痛时以此法搓腰眼几百次，汗出方止，收到了一定疗效。

第七段　揉腹

　　如果肠胃不适或有慢性肠胃病，可做揉腹功。

　　男子揉腹功的做法如下。左手叉腰或放在左大腿根（仰卧做时手的位置不限），右手从心口窝左下方揉起，经脐下小腹向右擦揉，仍还原处为一次，揉三十余次。然后右手叉腰或放在右大腿根，左手再揉擦三十余次，揉法同上，只方向相反。（附图41、附图42）揉腹力道要轻。由于此功费时，无肠胃病者，也可不做，也可只揉擦五六次。

 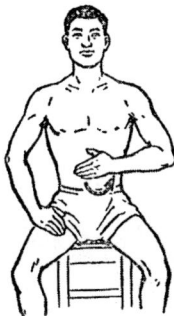

　　　　　　附图41　　　　　　　　　　　　附图42

　　肠管的蠕动方向是一定的，是由上向下蠕动的；但肠管在腹腔内的存在状态是盘旋的、不定向的，所以揉腹可以左右各揉三十余次。

　　长期练习揉腹功，不仅能增强肠胃消化功能，而且有助于医治各种肠胃病。之所以有如此功效，是因为擦胸和揉腹时，内脏和膈肌受到外界压力而起伏升降，可使肠胃蠕动加大，各器官系统活动加强，新陈代谢功能旺盛，从而增强脏腑机能，逐渐消除病灶，达到治愈肠胃病的目的。实践显示，确有人因长期揉腹而胃肠病痊愈。

　　由于妇女的生理特点，女性揉腹的做法与男性不同。手掌搓热，左手叉腰（拇指在前，四指在后），右手掌心由心口窝处向左下方揉转；揉转一周为一次，可揉转几十次。然后右手叉腰，左手掌心自肚脐处向右下方揉转，经过小腹（耻骨边缘）回到原处为一次，也揉转几十次。左右手揉转的部位不同：右手揉转于肚脐上方和心口窝下方之间，方向是从左下方开始转起，而左手则揉转于肚脐下方和小腹一带，方向是从右下力开始转起。女性久练此功，可以增强脏腑功能，帮助消化，调经聚气。

第八段　搓脚心

　　两手搓热，然后搓两脚心各八十余次。（附图43）脚心属于足少阴肾经。此经起于脚心，止于胸上部，是浊气下降的地方，所以搓此处可导引肾脏虚火及上身浊气下降，并能舒肝明目。洗脚后顺便搓脚心，效果尤大。

附图43

二、床下六段功

　　此功动作采自易筋经和站式八段锦，与床上八段锦配合着做，功效更大、更全面。床上八段锦主要是按摩全身，而床下六段功则重在增强肢体和内脏的功能。

　　练时宜心静神凝，意守肚脐。呼吸要随动作保持自然，最好是用鼻呼吸，也可在吸气时舌舐上腭，呼气时舌放下，这样可多生津液，兼能助气。练完以后，口中津液务必咽下。

第一段

　　两脚站成内八字形，两脚间隔如肩宽，上体放松，腿微屈，臀内收，腰挺直，上虚下实，眼向前平视，意守肚脐。这是做床下六段功始终要保持的姿势，务必做好。如果体弱力不胜任，也可两腿直立，或自由站立。（附图44）

　　两臂沿上体慢举齐胸（附图45），然后向前平伸，两掌竖立，五指并拢，掌心向前，状如关门。然后由此姿势，两臂、两腕和十指的肌肉暗中用力前伸十余次（附图46）。臂部肌肉一紧一松，微有抖动，但臂直伸的姿势和位置不变，只使暗劲。

附图44　　　　　　　　附图45　　　　　　　　附图46

此功可使两手和两臂的经络气血畅通，增强手臂的功能，有益于肝脏和两眼。

第二段

两臂从前势转为两侧平举，掌心向上（参附图46指示线）；由此姿势，两肩、臂、手的肌肉暗中用力平伸十余次，肩部稍有耸动，但臂侧平举的姿势和位置不变。（附图47、附图48）

附图47　　　　　　　　附图48

此功可活动颈项部，因颈项部有大动、静脉血管通往头部，中枢神经椎体交叉也在此处，所以此功对大脑有良好作用。此功还能扩大肺活量。

第三段

两手由前势收回胸前（参图附48指示线），然后沿上体和两腿自然下垂，掌心向下，手指向两侧平伸；由此姿势，用暗劲向下按动十几次。（附图49、附图50）按动时假想两手下似有葫芦，但臂仍伸直，只肌肉暗中收缩用力。

附图49　　　　　　　　　　附图50

第四段

腰和腿保持正直，上体前倾，两手掌心向下；由此姿势，左右交互向下摸十余次。（附图51、附图52）下摸时务须顺其自然，切勿用拙力。此功有助于强腰健肾。

第五段

两手由前势变成手心向上，手指微屈，如捞重物状（附图53），慢慢向上提至两乳部（附图54），手指伸直。然后两手手指各向外侧转动，手心仍保持向上；边转边举至头顶，两臂伸直相距同肩宽，又转成手指相对，掌心向上；由此姿势，用暗劲向上托动十余次（附图55）。

附图 51　　　　　　　　　　　附图 52

附图 53　　　　　附图 54　　　　　附图 55

此功对三焦有良好的调节作用。根据中医理论，三焦分上焦、中焦和下焦。上焦在胃上口，中焦在胃中脘，下焦在膀胱上口。三焦部位和作用，历来说法不一，有待于进一步研究。

第六段

两手由前势变为轻握拳，右手向前下方平伸，用力如抓物状（附图56），然后收回乳部，再换左手向前下方平伸用力抓（附图57）；以此前抓姿势（以后就不必再由上方向前下方抓起，而是直向前抓），左右手交替各抓十余次（附图58）。抓时不单是两臂、腕使劲，而是全身使劲；上体因使劲微向左右转动，并带动腹部肌肉也用力活动。双膝可稍弯曲以便用力。

附图 56　　　　　　　附图 57　　　　　　　附图 58

此功可增加臂力，并有助于增强脾胃。

三、慢行百步功

此功可补床下六段功之不足，供大家选练。床下六段功多为上肢运动，而此功则多为下肢运动。此功根据个人爱好和需要可以同床下六段功同时练，也可以单练。

此功动作极其简单，与一般步行差不多。为了便于不同对象练习，练法分为两种。第二种练法比第一种练法的难度稍微大些。说第二种练法难度大些，只是比较而言，其实较之一般运动，难度要小很多。

此功在宽阔处可以缓缓步行做，在室内则可原地踏步做。

做此功之前，要排除杂念，耳不旁听，目不旁视，全身放松，心情愉快，动作柔缓，不用拙力。步行一百步之后，如果需要，可以连续再步行几百步，步数应根据体力情况而定，不可勉强。

（一）第一种练法

1.抬双臂步行

（1）端立，两臂下垂，两脚相隔同肩宽。（附图59）

（2）舌舔上腭，目前视，用鼻呼吸（采用自然的腹式呼吸）。

（3）手指并拢，两臂由下方缓缓向前上方呈弧形抬起，举到口鼻前方；与此同时，左腿的大腿随之慢慢抬平，小腿下垂，脚尖朝下。（附图60）

（4）两手如捋胡须般向下捋，经胸腹前方到小腹处，分向两侧，回到原处；与此同时，平抬的大腿也随之轻轻落地（参附图60指示线），是为一步。

（5）两臂再如上述那样慢慢抬起并下捋，同时右腿平抬再下落。

如此走二十多步，舌放下，津液（唾液）咽下，稍息或不休息，接着做下一动作。

2. 抬右臂步行

（1）舌舔上腭，左手叉腰，四指在前，拇指在后。（附图61）

（2）右手由下方缓缓向前上方呈弧形抬起，举到口鼻前方；与此同时，左或右大腿缓缓平抬。（附图62）

附图59　　　　附图60　　　　附图61　　　　附图62

（3）右手如捋胡须般向下捋，经胸腹前方捋到小腹处，分向右侧，回到原处；与此同时，平抬的大腿缓缓落地（参附图62指示线），是为一步。然后换腿步行，抬臂动作同上。

这样一手叉腰，一手将，左右腿轮流步行二十多步，舌放下，津液咽下，稍息或不休息，接着做下一动作。

3.抬左臂步行

右手叉腰，左手再像上述那样慢慢抬起并下将，同时左右大腿轮流平抬再下落。

如此走二十多步，舌放下，津液咽下，稍息或不休息，接着做下一动作。

4.两臂交叉抬步行

左臂像上述那样慢慢抬起并下将，同时右腿平抬再落地；紧接着，右臂抬起并下将，左腿平抬再落地。

如此交叉抬臂步行二十多步，舌放下，津液咽下。

（二）第二种练法

动作与第一种练法相同，只是增加了下列做功要领。

（1）在一腿抬之前和抬之后，另一腿要始终保持稍微屈膝的姿势，而第一种练法腿始终可以直立。

（2）松肩坠肘，含胸拔背——肩和肘以及锁骨要往下松沉，肋骨也节节往下松沉，胸腔微向内含（不可过大），背部似有微微绷紧上提之意，切不可形成偻背、耸肩和抬肘姿势。

（3）松腰塌胯，尾闾内收——腰胯要放松，尾闾要内收，似有托起小腹之意，目的是使上体和头部保持上下一条线，而不形成弯腰、凸臀姿态。

"九转纯阳法""洗髓舍经""老年保健法"三种功法，就个人体验，对如下病症是有相当好的疗效的，试分述之。

一、前列腺术后增生

前列腺术后增生，可引起膀胱颈肥大、肾炎，出现尿频尿急、小腹胀满等症状。

1. 功法

首先，用双手中指，分别按住左右腹股沟气冲穴，同时做"炼神还虚功"。用双手掌按住丹田，顺时针转 30 圈。第二次改为逆时针转 30 圈，第三次为顺时针转 30 圈。共 90 圈。

其次，双手食指、中指、无名指及小指指肚按在关元穴上，往下推至中极穴高骨，连续做 30 次。再按在左边天枢穴上，往下推，经水道至气冲穴，连续做 30 次。再移至右天枢穴，经水道至气冲穴，连续推 30 次，共 90 次。

2. 要领

做时要注意心神宁静、轻缓圆匀，不可用拙劲。

3. 功效

活血化瘀，消炎止痛，强肾固本。

二、肠胃不和、腹内胀气、胃脘痛等疾

1. 功法

首先，双手食指、中指、无名指及小指指肚按在中脘穴上，顺时针转 30 圈，共 90 圈。

其次，双手食指、中指、无名指及小指指肚按在上脘穴上，往下推至中极穴高骨。当中指推至肚脐时正好拇指至中脘穴，意念移至大指，继续下推，共 90 次。

2. 要领

此动作较费力，可改用滚桶代手。做此功须微微用力。

3. 功效

提高气化作用，恢复肠胃的功能，消除瘀滞及气痞，通三焦，增强新陈代谢，对便秘有较好的作用，还可祛湿化痰。

三、肝病、眼病

1. 功法

首先，用食指等四指指肚按在上脘穴上（肝左前叶），顺时针转 30 圈；接着移至期门穴，顺时针转 30 圈后；再移至章门穴，顺时针转 30 圈，共 90 圈。

其次，运动时也要做"炼气化神功"。

2. 要领

做"炼气化神功"时须轻柔，不用拙劲。

3. 功效

消炎止痛，平肝明目。

四、脾病

1. 功法

先用食指等四指指肚按在上脘穴上（脾脏头部），顺时针转 30 圈；接着移至大包穴，再移至天枢穴，顺时针各转 30 圈，共 90 圈。

2. 功效

健脾和胃，促进新陈代谢。

五、腰腿痛

1. 功法

首先，盘腿坐在硬板床上，左腿在下，臀部垫高一些，两足心朝上；两手拇指捏住食指横纹，轻轻扶在两膝盖上；全身放松，头和上身向左前下垂，然后由左向前、向右、向后转圈，连转 90 圈。

其次，换腿，动作同前，但方向相反。

做完前两遍动作后，起立，随走随用两手心摩擦命门和肾俞二穴。

此外，于每晚睡前用温水洗脚，擦干后，用掌心按摩足心，用大指推然谷穴，再用大指、食指捏三间穴。（穴位图）

再循足三阴、三阳经和阴维、阳维，阴跷、阳跷各经脉在腿位的穴位，由上至下进行推拿按摩。

2. 要领

做上述功法时，根据自己的病情，什么部位感觉特别敏锐，就要增加练功次数，总以症状缓和消失为好。

每次都要以做到浑身气血周流，通畅无阻，症状基本消除，感觉轻松舒适为宜。

师叔：

以下意见不知是否正确，供参考。

一、第一页：可否先不写岳飞创编形意拳，而从李飞羽师祖说起。原因有三：

1. 目前人们对形意拳的来历有争议，少林寺有"意把秘传"，据说与形意拳的拳理相似。岳氏后人练的岳氏拳诸多地方与形意拳同，但也有很多不同之处。总之，源流问题人们现在正在争论，尚无结论，因而我想还是不提为好，免得人们说我们武断。

2. 从李飞羽师祖说起，是考虑到河北派形意拳的发展过程，一方面，可以真实地反映形意拳的一段历史；另一方面，也完成了河北派形意拳历史回忆的任务。

二、第三页：李镜斋先生为李飞羽的入室弟子，而不是郭云深师傅的弟子，他们是师兄弟关系。这一点，我查阅了多本形意书，都是这样说的，看起来是真的。

　　三、第五页：关于师爷的小传，是否可先写入从刘晓兰习八极，后从郭师祖习形意？这一点是尚济师兄告知我的，但不知真假，据说杨剑侠师姑也知道此事。

　　四、第六页：关于师爷当时薪水一段可否删去？因为这与师爷的武德无关。我曾记得，师叔曾对我讲过，师爷曾受郭云深师祖之命除掉形意门中的败类，师爷常为此事感到不安，说明师爷既大义灭亲，又充满丰富、真挚的情感。这一段可否写入，以道出师爷的性格内涵？

　　我总觉得，形意拳界对师爷太不公平了，关于他老人家的历史，很多书都只字不提，这太不公平。事实上，他老人家不愧为形意巨师。尚济师兄对我讲了不少关于师爷的事迹，这些早被湮没了，不被后人所知，太不公平了。也因此，我在内心中深深觉得师叔写的书，一定要出版。

　　五、第七页：预备式，可否改为无极式？原因是由无极式而三体式，三体式中处处有阴阳。无极生太极。

　　不知对否？很可能我理解错了。

　　六、第三十三页：8.进步劈拳，可否改为狸猫上树？

　　七、在正式出版之前，我觉得语体再修改一下，统一一下是必要的。以上意见不知对否？望师叔参考。

您的徒侄　于永溪 敬上

1989.12.11

师叔：

　　您老好！婶母好！

　　好久没给您老人家写信了。几次打算要去北京探望您老也未能实现，原因是我爱人病重几个月，卧床不起。她是位风湿性心脏病患者，素体虚弱，几个月来，一直用中药调理，现在已好转。

若没有其他变故，也许我可脱身到北京去探望您老。

不知您老身体情况如何，甚念。也不知婶母身体情况如何，盼告。

关于师叔的书的事情，我曾几次托朋友帮忙，有的回答说，他所熟悉的出版社，按新调整的分工不出体育方面的书；有的至今尚未回复我，可能他在努力争取。总之，不像我原来估计的那样容易。不过，我认为无论如何也要想办法出版，因为这是正统的形意拳专著。因而，我将不断地去努力，争取成功。

尚济师兄没有到上海来，也不知他现在在哪里，我也很久没给他写信了。

如果我能联系好出版的事情，不知师叔是否允许我在文字上再修改一次，以便为文章润色？

我每天仍在练功，自觉站桩比一年前有很大进步，五行拳也天天练，但，很想得到您老的进一步指导。

不知王师兄是否还在跟您老练拳。

祝阖府安好！

礼！

此致

您的徒侄　于永溪 敬上

1990.11.21

婶母：

您老人家好！

虽然有点预感，但得知噩耗后心中仍非常难过，我再看不到师叔了，这是多么不能接受的事实！

师叔对我恩重如山，而我却不能在他病重时去看望他老人家，尽一点孝心，我的心里难过极了。

几次计划去北京探望他老人家而终没有成功，这次本来打算在明年四月后能抽一些时间再去探望他老人家，并禀报我的学习情况，但，已经晚了，我的心悔愧难过极了。

师叔每次给我的来信我都珍藏着，平时我经常拿出来看看，耳边总响起他老人家淳厚而刚毅的声音，同时他老人家善良的面容也一直映在我的脑中。现在我更感到这是多么的珍贵。

现在我担心婶母的健康，望您老人家多多保重，从悲哀中解脱出来，多外出走走散散心。明年春暖时，请您老人家来苏州住些日子，您自己将有一间向阳面的住室，希望婶母接受我全家的邀请。

在我心情平静下来后，将写一些我缅怀师叔的回忆文章，写成后寄给您老人家。

另外，请婶母把弟弟和妹妹的地址与名字告诉我，我希望我们兄弟姊妹间一直有联系。

望师母多多保重！

礼！祝健康！

此致

侄于永溪敬上

1991.11.30

清藻师叔尊前：

十二月六日来函收悉，由于最近我所负责的"气功医疗研究生班"正在考试、结业，杂务甚多，加之又正在替国家体委编写"武术与气功"的教材，所以终日忙碌，未能及时回信，望大人见谅！

关于师叔编写《刘纬祥形意拳雏释》一事，晚辈自应大力协助，请师叔发话，只要我能做到的，一定尽力去做。

师叔所读，北京形意拳研究会想要马礼堂老师的简历和主要贡献，我已写好，随信寄上；关于杨剑侠师姑的简历，我知之甚少，有些传闻，恐有谬误不实之处，故不能完成，是否可请他人代字？

即此匆匆，并请

阖第安康

尚济

12.28

师叔母大人：

收悉 11 月 21 日手谕，惊闻师叔大人弃养，不胜悲怆！

昔时师叔大人之谆谆教导，犹如昨日。大人每嘱我将刘纬祥师爷之形意拳写下来，公布、推广，以其具有特殊风格也。此事余铭记在心，未敢稍忘。今师叔不幸去世，余定当以我之武馆为基础，努力完成师叔之遗志。现此书初稿已完成，待稍事修订后即可联系出版问题。望家祭时代我向师叔禀告，以慰师叔在天之灵。

师叔已逝世，尚望师叔母及诸兄弟勿过分悲伤，逝者长已矣，生者当珍重！时属严冬，善自调摄，朔风多厉，强饭为佳！

愚德牲

尚济 顿首叩手

1991.12.5

马先生：新年好！

接到您的信很高兴，深为您愿意为振兴中华武术、弘扬民族文化遗产的热忱所感动，愿我们团结一致，共同努力，为民族历史文化挖整、弘扬做出我们最大的贡献。

您老的情况，我已向有关领导做了反映，他们欢迎您加入本会，待研究后再正式给您下聘书，望笺候为歉。

希望马老将书稿整理后速寄于我，因为我现在正负责出一套武当功夫丛书，若可能，可将马老书稿一并列入，不知以为何？请函告为盼！

事业是大家的。让我们多联系，也恳请马老多指导，多批评，多支持，共同来把这一工作做好！

今随信寄去《内部通讯》一份，武当拳法研究会的 1990 年主要工作计划可一览概貌。

匆此

敬颂

新春快乐，万事如意

高飞

1990.2.8

马清藻先生：

您所寄书稿收到，免念。

请尽早把《刘纬祥形意拳教程分释》下编整理出来，以便统审全稿，好做安排，可能的话，我希望能够结集出版，因此，在整理时，尽可能全面、深入、系统，不能受篇幅限制。

我五月十日到京，届时一定前去拜访先生，打扰为歉！

匆此

顺顺

高飞

1990.4.19

泊涛同志：

惊悉清藻同志遽然病逝，十分痛惜。

这些年我们虽然来往不多，但彼此还是关心挂念着，幸而在八、九月间我们在病房相遇。清藻同志始终以革命乐观主义精神对待疾病，我去探望他时，他愉快地回顾当年斗争生活；向他请教气功时，他用带病之身热情地、孜孜不倦地指点我，亲自做动作给我看；临别前，还特别告诉我"肾病点穴法"，认真负责的精神实在感人。

在住院期间，我们知道了苏联形势的恶化，都十分激动。他扶病给党组织写了长篇的建议书。一个老党员热爱党、关心党的事业的至诚之心跃然纸上。

我们同一天出院，不料竟成永别，实在令人悲痛。他诚挚热情的形象，将永远存留在我的心中，我一定好好向这位老兄长学习。

您是他知心的终身伴侣，一定会很伤心。但须保持冷静，注意自己的健康。您的孩子们都很能干，他们会很好地照顾您安度晚年。

望全家人节哀！

丁一岚

1991.10.23

后记

少年时期，在外祖父熏陶下，我开始练形意拳，后拜在刘纬祥先生门下，除受到刘老师亲传外，还受到赵喜忠大师兄的指导，受益良多。刘老师不仅拳术造诣上乘，而且教授认真，将形意拳的精华原原本本地传授下来。就我个人大半生的体会来说，无论是身体健康方面还是革命工作方面，所受形意拳拳功的裨益实多。

我一直想将刘老师口授的教程阐释之，以供练形意拳者参考，或许对于继承和发扬形意拳武术文化遗产有一定的意义，故断断续续笔之于纸，数易其稿。

本书编写过程中，马礼堂师兄，尚济、王洪寿、于永溪三位徒侄及李振丰、王国侠二位弟子均参与审阅并先后提出许多宝贵意见，使此稿渐趋完善。

1989年岁晚，又得王金雨同志大力帮助，无论在行文上，抑或拳理拳法上，都花了很大力气，整理出来的书稿，较之原有篇幅增加成倍以上。

继承和发扬形意拳文化遗产，绝不是个人或少数人的事业，要靠广大形意拳练习者共同努力，才会取得较大的进展。本书稿虽经多人之手，但错误、缺点也一定不少，愿得到有志发扬形意拳的同志和有造诣的同道批评指正。诚挚地翘首以待。

马清藻

1990 年 3 月于京华

人文武术精品书系

北京科学技术出版社

武学名家典籍丛书

杨澄甫武学辑注 《太极拳使用法》《太极拳体用全书》	杨澄甫　著 邵奇青　校注
孙禄堂武学集注 《形意拳学》《八卦拳学》《太极拳学》 《八卦剑学》《拳意述真》	孙禄堂　著 孙婉容　校注
陈微明武学辑注 《太极拳术》《太极剑》《太极答问》	陈微明　著 二水居士　校注
薛颠武学辑注 《形意拳术讲义上编》《形意拳术讲义下编》 《象形法真诠》《灵空禅师点穴秘诀》	薛颠　著 王银辉　校注
陈鑫陈氏太极拳图说（配光盘）	陈鑫　著　陈东山　陈晓龙　陈向武　校注
李存义武学辑注 《岳氏意拳五行精义》 《岳氏意拳十二形精义》《三十六剑谱》	李存义　著 阎伯群　李洪钟　校注
董英杰太极拳释义	董英杰　著　杨志英　校注
刘殿琛形意拳术抉微	刘殿琛　著　王银辉　校注
李剑秋形意拳术	李剑秋　著　王银辉　校注
许禹生武学辑注 《太极拳势图解》 《陈氏太极拳第五路·少林十二式》	许禹生　著 唐才良　校注
张占魁形意武术教科书	张占魁　著　王银辉　吴占良　校注
王茂斋太极功	季培刚　辑校
太极拳正宗	杜元化　著　王海洲　点校
太极拳图谱（光绪戊申陈鑫抄本）	陈鑫　著　王海洲　藏
陈金鳌传陈式太极拳暨手抄陈鑫老谱	陈金鳌　编著　陈凤英　收藏 吴颖锋　薛奇英　点校
黄元秀武学辑录 《太极要义》《武当剑法大要》 《武术丛谈续编》	黄元秀　编著 崔虎刚　点校

武学古籍新注丛书

王宗岳太极拳论	李亦畬 著 二水居士 校注
太极功源流支派论	宋书铭 著 二水居士 校注
太极法说	二水居士 校注
手战之道	赵晔 沈一贯 唐顺之 何良臣 戚继光 黄百家 黄宗羲 著 王小兵 校注

百家功夫丛书

张策传杨班侯太极拳108式（配光盘）	张喆 著 韩宝顺 整理
河南心意六合拳（配光盘）	李洳波 李建鹏 著
形意八卦拳	贾保寿 著 武大伟 整理
王映海传戴氏心意拳精要（配光盘）	王映海 口述 王喜成 主编
张鸿庆传形意拳练用法释秘	邵义会 著
华岳心意六合八法拳	张长信 著
戴氏心意拳功理秘技	王毅 编著
传统吴氏太极拳入门诀要（配光盘）	张全亮 著
吴式太极拳八法（配光盘）	张全亮 马永兰 著
拳疗百病——39式杨氏养生太极拳（配光盘）	戈金刚 戈美葳 著
尚济形意拳练法打法实践	马保国 马晓阳 著
非视觉太极——太极拳劲意图解	万周迎 著
轻敲太极门——太极拳理法与势法	万周迎 著
冯志强混元太极拳48式	冯志强 编著 冯秀芳 冯秀茜 助编
刘晚苍传内家功夫与手抄老谱	刘晚苍 刘光鼎 刘培俊 著
赵堡太极拳拳理拳法秘笈	王海洲 著
京东程式八卦掌	奎恩凤 著
功夫架——太极拳实用训练	朱利尧 著
道宗九宫八卦拳	杨树藩 著
三十七式太极拳劲意直指	张耀忠 张林 厉勇 著
说手——太极拳静思录（全四卷）	赵泽仁 张云 著
太极拳心法体用——验证与释秘	宋保年 杨光 编著
宋氏形意拳及内功四经精解	车润田 著 车铭君 车强 编著
陈式太极拳第二路——炮捶	顾留馨 著
孙式太极拳心解：三十年道功修习体悟	张大辉 著
王文魁传程氏八卦掌精要	王雪松 编著
吴式太极拳三十七式诠真	王培生 著